Ⓢ新潮新書

阿古真理
*ACO Mari*

# 小林カツ代と栗原はるみ

料理研究家とその時代



617

新潮社

# まえがき

「主婦が料理しなくなった」と言われ続けて数十年。それを証明するかのように、町には惣菜店が定着し、スーパーには惣菜と加工食品があふれている。とはいえ、まったく料理しない人は少ないと思われる。食材もちゃんと売れ続けているからだ。

そして、書店にはレシピ本や料理雑誌が並んでいる。大型書店では四～五棚分をレシピ本が占めていることもある。それだけ、新しい料理のつくり方や献立のアイデアを求める人たちがたくさんいるのである。テレビも、料理のアイデアを伝える情報番組や料理番組が人気である。NHKの『きょうの料理』は五十七年の長寿番組だ。

レシピ本やテレビ番組などでレシピを提供する専門家が、料理研究家である。この半世紀あまり、さまざまな料理研究家が登場し、その中で人気を多く集める人が必ず現れた。

多くの人が故郷から都会へ集まった高度成長期には、九州なまりのおふくろさんキャラで人気を博した江上《えがみ》トミ、皆が憧れるセレブリティの女性を見た目でも体現し、西洋料理が得意の飯田深雪《みゆき》がいた。

主婦層が分厚くなり、新米主婦たちの料理の腕が危ぶまれ始めた高度成長期の後半になると、伝統的な家庭料理を教える土井勝《まさる》や辰巳浜子が人気を集める。飽食の時代と言われた安定成長期の一九七〇～八〇年代になると、物語やパーティを題材にした遊びのあるレシピ本が次々と登場し、そこではロシア貴族の妻だった入江麻木や、パリの一流料理学校、ル・コルドン・ブルー仕込みの城戸崎《きどさき》愛がレシピを提供した。

続く働く女性の時代に支持を集めたのは、それまでの料理の常識をくつがえすような時短料理を考え出した小林カツ代である。外食が日常化し、家庭料理にも変化を求める人がふえた平成の時代になると、数千レシピを提供する栗原はるみがカリスマ的な支持を集める。小林や栗原の人気の背景には、女性の生き方や価値観の大きな変化がある。

料理研究家が教えるのは、家庭料理である。彼女・彼たちが必要とされるのは、私たちの暮らしや食べたいものがどんどん変わり続けているからだ。人気となる料理研究家にはその時代に登場する必然がある。

また、彼女・彼たちの背後に人々は幸せな食卓を夢みる。しかし、現実はそう単純ではない。人気者の彼女・彼たちそれぞれの個人史を知ることは、その人自身を知るだけにとどまらず、背後にいる同時代の女性たちが何に悩み、何を喜びとし、何を守ってきたのかをうかがい知ることでもある。女性たちが中心になって支えてきた料理の世界に、二十一世紀に入ると男性の台頭が目立つようになる。中心にいるのは母が料理研究家だった二世である。彼らの登場は何を意味するのか。その事実も時代を象徴している。

料理研究家を語ることは、時代を語ることである。彼女・彼たちが象徴している家庭の世界は、社会とは一見関係がないように思われるかもしれないが、家庭の現実も理想も時代の価値観とリンクしており、食卓にのぼるものは社会を反映する。それゆえ、本書は料理研究家の歴史であると同時に、暮らしの変化を描き出す現代史でもある。

どんな料理研究家がどのような料理を提案してきたのか。それを一覧できるマトリクスを作成した（7ページ）。料理研究家はたくさんいるが、その中から本書では時代を象徴する料理研究家として独自に選んだ方々をご紹介している。なぜこの分布になるのか、その理由は本文を読み進めるうちに明らかになると思う。また、逆にひと通り読んだ後にこのマトリクスを眺めていただけると、改めて発見することがあるだろう。

本書を書くにあたって、たくさんのレシピ本を読んだ。その中でつくりたくなった料理がいくつかあって、再現してみた。ある程度自分の都合に合わせてアレンジはしたが、基本的にその人の世界観に近づこうと考えながらつくり、食べた。その際に改めて発見したことを、コラムを設けて紹介している。厳密に書いてある通りでなければ再現料理ではない、と考える人もいるとは思う。しかし、自分が食べたいものを優先させた私の理由も、本文を読み進めていくと理解していただけると思う。

個々の家庭の食卓や家庭料理の全体像は、なかなか見えるものではないが、時代背景と照らし合わせつつ料理研究家の仕事を眺めてみれば、その見えにくい家庭の姿が浮かび上がってくるのではないだろうか。それは私たちの今と未来につながる歴史である。

# 本書に登場する料理研究家

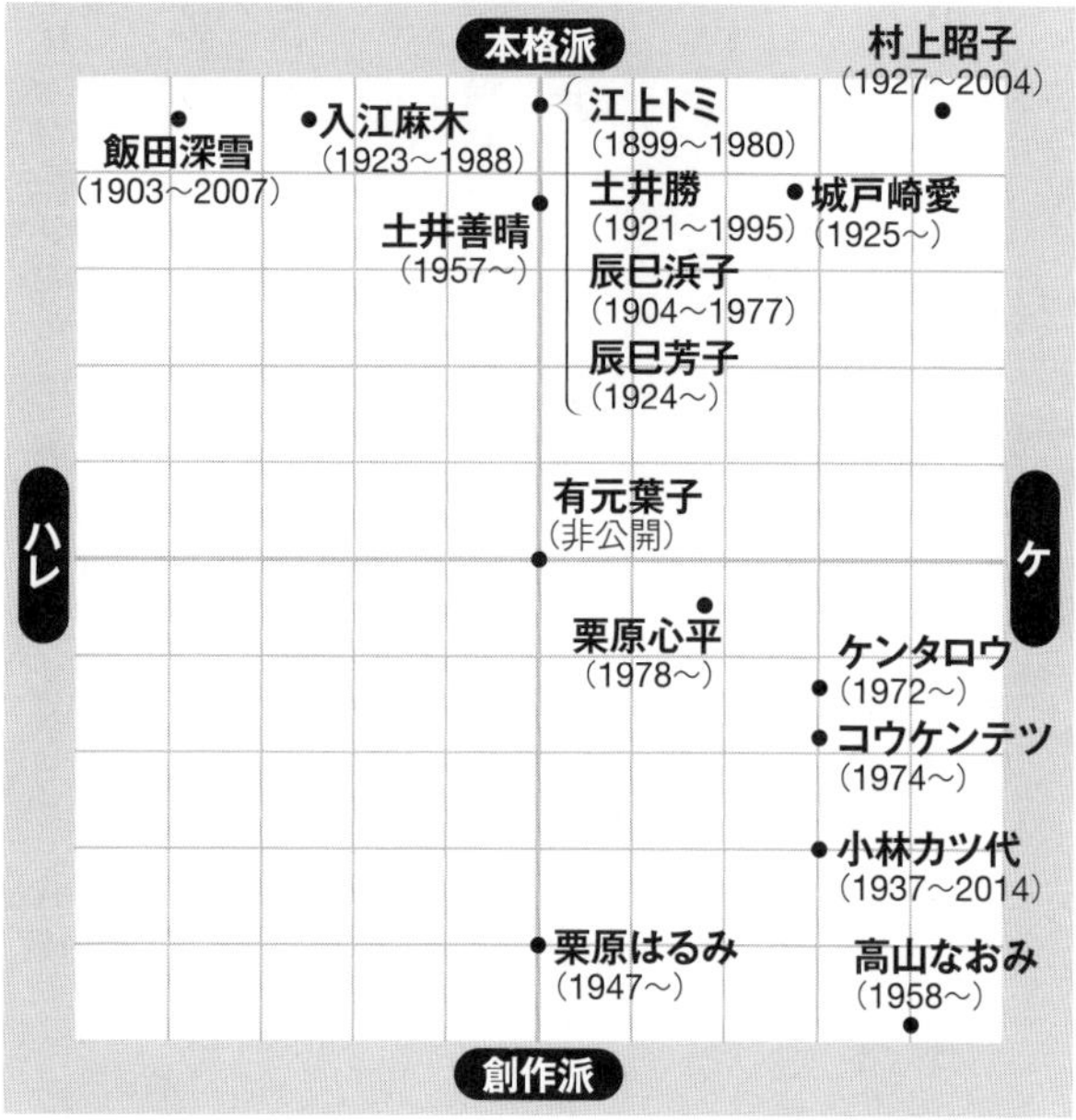


**本格派** フランス料理、郷土料理など正統派の料理文化を伝えることに力点を置く

**創作派** 自分流にアレンジしたり、素材や調味料を独自に組み合わせる料理法を追求

**ハレ** 行事料理やパーティ料理などを中心にする

**ケ** 日常の惣菜に力点を置く

＊本表は、レシピ本などを読み込んだ筆者の解釈による

# 小林カツ代と栗原はるみ　料理研究家とその時代——目次

## プロローグ――ドラマ『ごちそうさん』と料理研究家

二〇一三（平成二十五）年九月三十日～翌年三月に放送され、平均二十二・三パーセントの高視聴率を稼いだＮＨＫ朝の連続テレビ小説『ごちそうさん』。杏が演じるヒロインのめ以子には、おそらくモデルになった料理研究家がいる。

物語は、明治末の東京から始まる。洋食店を営む父母のもとすくすく育つめ以子。女学生に成長した彼女は、食べることに執着する一方、つくることには興味を示さない。

そんな彼女が、家に下宿した帝大の学生・西門悠太郎（東出昌大）に恋をする。彼に食べさせたい一心で母から料理を習い、弁当をこしらえる。やがて二人は結婚、彼の家がある大阪へと旅立つ。

嫁ぎ先の旧家、西門家は、温かい家庭で育っため以子にとって、驚きの連続だった。義父は出奔、悠太郎の長姉で出戻りの和枝（キムラ緑子）と、義父の後妻・静（宮崎美子）が泥沼の対立を続ける。和枝は西門の味にこだわるが、つくり方は教えようとしない。嫁いびりに耐えるめ以子が、料理を教わる相手は市場の肉屋や八百屋などである。やがて一女二男に恵まれため以子だが、幸せは長く続かなかった。昭和に入り、戦争が始まるからだ。息子二人と娘の夫は出征し、勤め先から満州にとばされた夫は行方不明。空襲で家を焼かれて、やむなく和枝が嫁いでいた農家に疎開し、野菜の育て方を教わる。和枝は夫と舅姑を看取ったのち、一人で農家を切り盛りしていたのである。

戦争が終わり、西門家に戻ため以子は、ひょんなことから闇の料理屋を自宅で始める。そうして生活をつなぎながら、ひたすら夫の帰りを待つのである。

細やかな描写で、人との絆や心に潜む闇、戦争が奪う生活や人生を描くドラマは、食べる喜び料理する幸せをくり返し表現する。料理が人を結びつけたり対立させたり、死へ向かう人の心を守る。本当の主役は料理なのかもしれない。二〇一〇年代、食にメッセージを託すドラマは多いが、その一つの極を示す番組だったと言えるだろう。

さて、め以子のモデルである。私が推測するところ、人生の大筋は辰巳浜子、前半生と大阪編の一部は小林カツ代のエピソードから採ったと思われる。

辰巳浜子は戦後、婦人之友社の人に見出され、高度成長期以降にテレビで人気を得た料理研究家である。娘の辰巳芳子は、今、最も発言力がある料理研究家だ。

辰巳浜子は、旧家に嫁いで人間関係に苦労しながら、一女二男をもうけた。息子たちは出征し、夫は満州に転勤して一時行方不明になる。疎開先で育て方を教わった野菜を東京に戻って自給しながら、自宅で料理屋を始め、夫が戻るまでの日々をつなぐ。め以子とそっくりの経歴である。

さらにめ以子と辰巳浜子をつなぐ糸が、糠床《ぬかどこ》にまつわるエピソードである。辰巳浜子のレシピ本『娘につたえる私の味』（文藝春秋、新版二〇〇八年）には、祖母から受け継いだ大切な糠床を、ひょんなことからダメにしてしまう話が書かれている。心の平静を失いかけるが、長男夫婦に分けたことを思い出し、改めて分けてもらって糠漬けづくりを再開する。この糠漬けの味が、彼女を料理研究家の道へと導くのである。

『ごちそうさん』の中でも、糠床は重要な役割を持つ。ナレーションは、糠床に宿った亡き祖母・トラ（吉行和子）が担当し、め以子を見守る。和枝に何度も捨てられそうになる糠床を守り抜いため以子も、空襲では守りきれなかった。しかし、め以子は以前夫の同僚に分けたものを再会した折に分けてもらうのである。

一方、小林カツ代である。彼女は、大阪の町なかでおいしいものが大好きな家族に囲まれ、舌を肥やして育っている。しかし料理をまったく覚えず結婚して東京へ行く。彼女の料理の師匠は、電話で相談する母と市場の魚屋八百屋である。アーティスト志望だった食いしん坊の小林カツ代は、独創的なアイデアでスピード料理を次々と考案し、働く女性がふえた時代に圧倒的に高い支持を得ていく。『ごちそうさん』は、試行錯誤を続けて、時代に合わせて料理を提案した先人たちへのオマージュとも読めるのである。

## 料理研究家誕生

家庭料理のレシピを考案したり教える料理研究家は、明治に誕生した。

一八八二（明治十五）年、東京・日本橋に開いた赤堀割烹教場（現赤堀料理学園）が、初の女性向け料理教室である。公家の末裔で料理屋を営んでいた赤堀峯吉は、明治維新をきっかけに料理教育者になろうと決意する。男性が社会で活躍するには食事が大事だが、「家庭の中で柱ともなるべき女性が十分な教育を受けていない」（『近代日本の民間の調理教育とジェンダー』今井美樹、ドメス出版、二〇一二年）からである。

赤堀割烹教場は、調理教育のほか、歴史に残る二つの貢献をしている。昭和前半のお母さん像のアイコンにもなった割烹着を考案したこと、文部省に女学校の教育科目に割烹と実習が必要であると認めさせたことである。また、峯吉の曾孫で一九五六（昭和三十一）年に教場を継いだ赤堀全子《まさこ》（本名房江）は、翌年十一月、放送を開始したばかりのNHK『きょうの料理』に出演して、ご飯の炊き方や出汁のとり方を教えるなど、テレビの料理番組創成期を支えた料理研究家の一人である。

赤堀峯吉が奮い立った背景には、女性は、親や夫といった家族に従うべき（女は三界に家なし）とした江戸時代の儒教的な教えがある。男性を支える裏方であったとしても、女性が自主的に行動するための知識を与えようとしたことは、画期的だったのである。

欧米列強に伍していこうと考えた明治国家も、良妻賢母教育に力を注ぐ。一八九九（明治三十二）年には高等女学校令が発令され、女学校が正式に国の高等教育機関として認定されると、女学生が急増するのである。彼女たちはもちろん、女学校で料理を学ぶ。中流層の主婦向けの料理書が次々と出版され、料理教室もふえる。

実用雑誌も次々と創刊された。一九一三（大正二）年創刊の『料理の友』、一九一七（大正六）年創刊の『主婦之友』などでは、料理研究家が活躍し、普及し始めた豚肉の使い方、洋食のつくり方から、女中の指導法まで幅広く教える。女性向けの教養教育の一つとして料理が選ばれ、料理研究家が生まれたのである。この時代の料理研究家は、料理学校で学んだ人や女学校教師など専門教育を受けた人が中心だった。

## 主婦の時代の到来

「主婦」という言葉が生まれたのは明治半ばである。当初は使用人を監督する女主人を意味していた。やがて産業革命が進行した大正から昭和初期にかけて、都市部に中流層のサラリーマンがふえ、その妻たちは自ら台所に立つ。彼女たちが支持した『主婦之友』によって、主婦という言葉が一般化するのである。

この時期、流行した料理が洋食である。明治期に入ってきた西洋料理は、そのままでは日本の食卓に合わなかった。それがご飯に合う折衷料理として進化したのが洋食である。その代表が、ライスカレーにコロッケ、とんかつだった。そのほかにもさまざまな折衷料理が考案された。料理の進化には、プロの料理人や食品メーカーはもちろん、料理研究家も関わっている。

肉や西洋野菜、油脂、ケチャップ、ウスターソース。新しい素材をどう使えばよいのか、若くて新しいモノ好きな主婦たちに教えてくれるのが、料理研究家だった。彼女たちの夫の多くは、職を求めて都会に出た次男三男。つまり家には昔ながらの料理を知る姑がいない。それもまた料理研究家が必要とされた理由である。

一九一八（大正七）年の流行歌、「コロッケの唄」（益田太郎冠者作詞）は、主婦たちの熱中ぶりと、レパートリーの少なさをよく表している。

ワイフ貰ってうれしかったが
いつも出てくるおかずはコロッケ
今日もコロッケ　明日もコロッケ
これじゃ年がら年中コロッケ

戦争による中断ののち、台所の進化と新しい素材、新しい料理法の流入はさらに勢いを増す。中流層も、日本人の約九割が中流意識を持つまでに広がる。女性の地位も向上し、意識や立場も変化していく。テレビが登場し、雑誌の種類がふえてメディアの影響力が格段に大きくなる。

料理研究家の時代が本格的に始まるのである。

# 第一章　憧れの外国料理

## （1）高度成長期の西洋料理――江上トミ、飯田深雪

### 悩みのタネは「今日の料理」

ボロボロに負けた戦争の後の占領が終わり、経済が上向き始めた一九五三（昭和二十八）年、テレビの本放送が始まった。わずか十二年後に世帯普及率が九十パーセントに達するテレビの影響力は大きい。プロレス、クイズ、ドラマ、バラエティと人気コンテンツは時代により移っていくが、創成期から現在まで人気を保つのが料理番組である。

飯田深雪（提供・朝日新聞社）

最初に人気を博した料理番組は、一九五六年春、日本テレビで月曜日から土曜日の午前十一時四十五分から十二時までの放送で始まった『奥様お料理メモ』である。放送開始から間もなく、ニュース並みの高視聴率三十パーセントを取り、追随番組を生んだ。同年十月にKRT（現TBS）で始まった『今晩の家庭料理』、同年十二月、関西のO

ＴＶ（現朝日放送）の『料理手帳』。翌年十一月にはＮＨＫの長寿番組『きょうの料理』が始まる。

『きょうの料理』の歩みを、番組制作に関わったディレクター、河村明子がたどった『テレビ料理人列伝』（ＮＨＫ出版生活人新書、二〇〇三年）には、当時のプロデューサーが番組の「ネーミングも傑作」と自負する記述がある。確かに秀逸である。なぜなら、放送開始以来、主婦は「今日の料理」を何にするか悩み続けているからである。

献立の悩みは、近代になって「主婦」と「家庭」が成立したときに生まれた。田舎でも都会でも手に入る食材が限られ、台所にかまどがあった時代は、日々の料理にそれほど変化はなかった。家にシェフがいるような上流階級では日替わりの献立を食べていただろうが、庶民はレパートリーも限られていたし、毎日工夫を凝らす余裕もなかった。

国民の大半を占めていた農家では、料理は一年のサイクルの中に組み込まれていた。畑で採れた野菜で漬物をつくり、味噌を仕込む時期がある。その日のご飯をつくる。難しいのはコメをいかに失敗なく炊くかで、失敗したご飯を再生する料理もあった。コメを一年もたせるため、雑穀やいもを一緒に炊く主食のレパートリーは豊富だった。そして、家の嫁を主婦とは呼ばなかった。

主婦、家庭という言葉が広まったのは、日清・日露の戦争をきっかけに産業革命が進行し、都市部でサラリーマン層が生まれてからである。一人で台所に立つ主婦たちは、日々献立を立てて食材を購入しなければならなかった。そういう女性たちを対象にした、家庭料理を紹介する最初の本が出たのは一九〇三（明治三十六）年である。

戦後、朝鮮戦争をきっかけに始まった高度成長期には、戦前とはけた違いの規模と速さで中流層が拡大した。町工場が企業に成長し、新しいビジネスが生まれる。総務省の労働力調査によれば、男性の雇用者の割合は一九五五年で五十二・二パーセント、一九七〇年で七十一・五パーセントである。この間、生活はどんどん便利になっている。

一九五〇年代、スーパーマーケットが各地に生まれてふえていく。一九六〇年代後半になると、国民の栄養状態改善と拡大する都市人口に対応した、食料の安定供給システムも整備される。生産地から店頭まで、生鮮食品を冷凍・冷蔵配送するシステムを整備する「コールドチェーン勧告」が一九六五年、生産地を決めて野菜を大都市圏に供給する野菜生産出荷安定法が一九六六年に施行される。

台所も近代化された。電気冷蔵庫、テレビ、洗濯機が「三種の神器」と呼ばれたのは、電気釜が誕生した一九五五年である。一九六〇年代には三種の神器はほぼ普及。次々と建つ団地、マンションには、ステンレスの流し台が入る。板の間のキッチンが普及し、水道、都市ガス・プロパンガスが全国に行き渡る。水汲みしなくていいこと、暗い土間のかまどで火をつきっきりで管理しなくてもいいことが画期的だったのだ。

台所が便利になって食材が豊富になり、ふえたのが献立の悩みである。

レタスやトマトといった西洋野菜がふえ、肉や卵、乳製品が気軽に買える。貧しかった昔や戦争の時代には縁がなかった食材だ。便利になると時間の余裕もできる。戦前と同様、サラリーマンの多くは田舎から出てきた次男三男だったから、家に舅姑はいない。つまり、台所を好きに使える。「今日のご飯は何にしよう」と一人悩めるのは、台所の女主人となった主婦たちの喜びでもあった。

一九五五年、女性は家事がラクになったのだから働きに出るべきだ、いや女は家にいるだけで十分だ、と評論家らが『婦人公論』などでくり広げた第一次主婦論争が始まる。女性の雇用者の割合も拡大し始めており、同年には家業を手伝う非雇用者も含めた全就業者の中で、三十一・二パーセントもいる。とはいえ、本音を言えば家にいてラクをしたいと考える女性も少なくなかったはずだ。手仕事の家事と家業に追われる母を見て育ち、「サラリーマンの奥さんになりたい」夢を叶えた女性は少なくなかった。

家にいるからには、料理に手をかけて妻らしさ母らしさを発揮したい。そんな彼女たちを手助けしたのが、主婦雑誌やテレビの料理番組だった。

## 大黒柱のおっかさん、江上トミ

テレビ最初の料理番組、『奥様お料理メモ』で起用された料理研究家の一人が、江上トミである。ふくよかな体で動じず、熊本なまりで笑顔を絶やさない。観る人は懐の深い母親をイメージした。NHKの『きょうの料理』にも出演、全国に知られた。

戦前から福岡市などで料理教室を開き成功していたが、テレビ放送が始まったばかりの一九五五年に東京へ進出。市ヶ谷に開校した江上料理学院は、最盛期の六〇年には六千五百人の生徒数を誇る。同時期、東京・自由が丘の魚菜《ぎょさい》学園は生徒数約六千人。理事長の田村魚菜はNETテレビ（現テレビ朝日）の番組『アフタヌーンショー』にレギュラーコーナーを持つ人気料理研究家である。一九六〇年代、台所を取り巻く環境が激変する中で、世は料理教室ブームに沸いていた。その中心にいた一人が江上トミだった。

江上は一八九九（明治三十二）年、熊本県葦北郡田浦村（現芦北町）で、七人きょうだいの六番目として生まれた。父は裕福な地主で、母方の祖父は肥後細川家の重臣だった。トミは母方の江上家の跡継ぎとして養女になるが、幼少期は実のきょうだいとともに父の家で育つ。

小作人のコメづくりを間近で見たり、母から自家菜園で野菜の育て方を教わる。また、海岸に近い家の堀には、満潮時に食べきれないほどの魚が入り、片っ端から捌《さば》いて近所に配る母を手伝う。

江上トミ（撮影・新潮社）

使用人の先頭に立ち働く母は、女として一番美しいのは、「まっ白なかっぽう着を着て台所で元気よく立ち働く」（『おもいでの味』江上トミ、自然の友社、一九七六年）ときだ、と娘に教え込んだ。

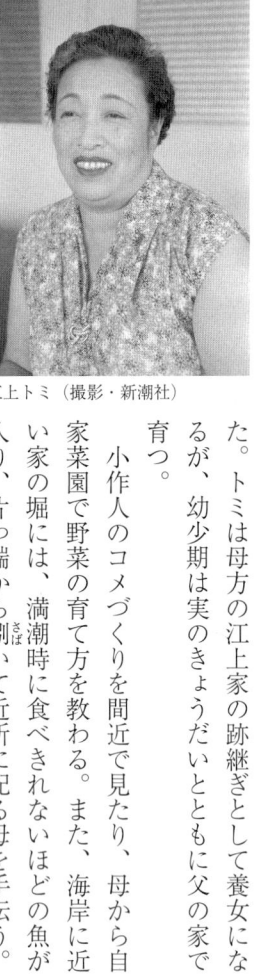

やがて結婚。陸軍造兵廠《ぞうへいしょう》の技術官の夫が渡仏する際、トミも同行できるよう軍に掛け合い、娘の生活費を負担し、何か学んで来いと送り出してくれたのも母である。そしてトミは、パリの一流料理学校、ル・コルドン・ブルーに入学してフランス料理を学ぶ。

ロンドン滞在を経て、約三年の滞欧生活を終え一九二九（昭和四）年末に帰国。パリ時代の駐在武官の夫人に教えたことをきっかけに、東京で料理教室を開く。夫の転勤で小倉へ行くと、洋行帰りと評判を呼び、再び料理教室を開くことになる。その後第二次世界大戦が敗戦に終わり、責任を感じた夫はリタイア宣言し、トミが開く料理教室の裏方に徹する。それが、家族と料理学校の大黒柱となったトミの飛躍へつながるのである。

トミはビジネスの才覚を持っていた。九州の料理教室は十分成功していたにもかかわらず、東京へ進出して活躍の場を広げたことはもちろん、その前に経済復興の兆しを読み取るや、私財を投じて一九五三年に渡欧し、最新の料理事情をリサーチしている。テレビ時代の料理研究家の代表となる土台はそろっていたのである。

## 料理は文化である

マンガ『サザエさん』で描かれる料理研究家のモデルになるほど、時代を代表する顔となった江上トミ。NHK『きょうの料理』などの料理番組のほか、江上料理学院などで料理を教え、数々の料理本を執筆。清宮《すがのみや》貴子内親王に料理を教えたり、松下電器産業（現パナソニック）の炊飯器開発にも関わる。長年の功績が認められ、一九七五年には、藍綬褒章も受章。その間研鑽を怠らなかった。

世界五十九カ国、国内各地を巡った江上が教える料理の幅は広い。「からしれんこん」

や長崎の卓袱《しっぽく》料理、「とりの水たき」といった故郷九州を中心にした郷土料理や、季節の素材を使った和食はもちろんのこと、外国料理も本場で覚えたものを紹介した。

イギリスのムニエル、フランスのニース風サラダ、スイスの「チーズフォンデュ」、北欧三国を訪れた際にノルウェーで覚えたオープンサンド。中国料理の「なすのはさみ揚げ」「白身魚入りおかゆ」、インドのタンドリーチキンやサモサ、イランの羊肉の串焼き「チョロカバブー」、韓国のキムチやナムルもある。

江上は、料理はその国や土地の文化であると考えていた。たとえば一九五六年に出した『私の料理　西洋料理』（柴田書店）は、次のような序文から始まる。

「他国の料理を作る時には出来るだけその国の人の風習に忠実で、その国の料理の味を味わいたいと願います。何々国の何料理といってみても、我が国に居て得られる材料で作る塩、胡椒料理は、その特徴をつかみ、その国民の風習を知らない限り、細かい雰囲気と味はぬけ去り、枝葉を摘み取られた幹ばかりのものになりがちです」

この言葉は、江上自身の海外取材に基づいている。前掲書『おもいでの味』で、レシピに併記されたエッセイから、ピックアップしてみよう。

【ローストビーフ】

日本の牛肉は何よりもまずすき焼き用につくられています。あのようなこってりとした強い味の牛肉は、少ししか食べないからこそ、あるいは、たまにしか食べないからこそ、おいしいのです。

【ブィヤベース】

（ニースの漁師たちは、地曳網で魚を獲り）とれたてのものをいちいち選りわけたりせず、そのまま料理してしまう。（中略）ですから、ブィヤベースはぜいたくな気どった料理ではなく、ひなびた海岸の名物料理だったのです。

こんな調子で、情報のうわべしか知らない日本人の思い込みを小気味よく切って捨てるのである。

料理観を具体的にイメージするには、レシピを知るのが一番である。『江上トミの西洋料理』（講談社、一九七三年）に掲載された「ビーフシチュー」から、一部を抜粋する。以降、ビーフシチューを〝定点観測〟する。つくるのに時間がかかるごちそうだが、入る具材のバリエーションはほとんどない。共通しているはずのつくり方の違いに、料理研究家の個性が表れるからである。

牛ばら肉、にんじん、たまねぎ、じゃがいもを切る。鍋に水と野菜を入れ、煮立ったら肉とタイム、ローリエ、パセリを加えて煮る。野菜を取り出し肉だけを柔らかくなるまで煮る。肉を取り出し、スープを濾す。

ブラウンソースのつくり方。ベーコンをバターで炒めて、戻した干ししいたけ、たまねぎ、にんじんを加え、小麦粉をふり入れる。小麦粉が茶色くなったらトマトピュレを加えてよく混ぜる。スープを少しずつ加えて伸ばし、タイム、ローリエ、パセリ、塩・こしょうを加えて煮詰める。裏ごし器で濾す。

ブラウンソースを鍋に移して肉と野菜を戻し、さらに煮込む。

調理時間は二時間とレシピにある。確かにこれは市販のルウを使い、肉と野菜を炒めて煮るビーフシチューとは別物だ。手間も時間もかかるうえ、使う材料も本格的である。日本人がハーブに親しむようになるのは、バブル期のイタ飯ブーム以降で十年も二十年も先である。外国料理を気軽に口にできるようになった現在も、ハーブやスパイスを台所に常備し使いこなすには至らない人が多い。しかし、外国にはどのような料理があるのかから説明しなければならなかった江上は、だからこそ本物を紹介することで、西洋の料理観や食文化を伝えようとした。その意気込みが伝わってくる。

## 「家庭を守る味」

もう一つ、江上がくり返し主張したのは「女の本分は家庭にあり」とする価値観だった。幼いころから母に主婦としての心得を叩き込まれたことや、二度の大戦を経験したこともあってだろう。当時すでに古いと言われることを承知のうえで、生活のベースを守る主婦の大切さを説き続けた。

「おいしいものを食べさせてやろう。珍しいもので驚かせてやろう、という主婦の努力は、そのまま家庭円満につながり、子孫への味の伝承にもなります。この考え方は、家庭だけの問題だけではなく、会社や役所などの社会生活、団体生活の潤滑油となり、運営のコツにもなるのではないでしょうか。社会生活は家庭生活の延長ですものね」（『江上トミの料理一路』津谷明石、朝日新聞社、一九七八年）

時代の移り変わりは激しかった。ピカピカの台所に喜んだのもつかの間、報われない家事労働に主婦は不満を感じ始めていた。社会の壁は厚く家庭を抱えて働ける女性は限られている。家事よりもっと大事なことがあるはずなのに、自分は何もしていない。どんどん変わる時代に気もそぞろの若い世代に、江上は警鐘を鳴らしたのである。

主婦たちの動揺は、江上の時代にくり広げられた三度の主婦論争に表れている。一九五五〜五九年の第一次は主婦は外で働くべきか否かが、一九六〇〜六一年の第二次は家事労働の経済的価値について、一九七二年の第三次は主婦役割の正当化が主題である。主婦のパート労働が広がったこの間に、専業主婦という言葉が生まれて定着した。論争は、高度成長期とぴったり時期が重なる。

この時期、急速に失われていったのが、地域とともにあった暮らしである。この時代以前の農村では、田植えや収穫を互いに手伝い、里山や水の管理を共同で行っていた。村中総出の祭りもある。暮らしは、労働と成果を分かち合うことで成り立っていた。

女たちは農作業の担い手であり、保存食のつくり手であり、そして家事労働者でもあった。男たちも薪を切ったり、行事のときは餅をつき鶏を捌く。必ずしも金銭に換算できるものではなく、生活を支える欠かせない労働の中に家事はあった。ただし、女性たちの多くは家族に忍従を強いられ、一日中働き詰めだった。

世の中は急速に資本主義経済に呑み込まれた。田舎から都会へ集まってきた人たちは、地域と切り離された国内移民だった。給料をもらうことで労働の価値が測られ、必要なものはつくるのではなく買う。お金がなければ生活できない時代が始まっていた。急速に都市化が進み、田舎から都会へ人が流入する社会で、もしかすると暮らしの一部として唯一残された労働といえるのが、家事だった。

お金を稼ぐのは夫、家事・育児を引き受けるのは妻、という性別役割分担の中に生きる家庭の主婦は、都市的存在である。戦後生まれた日本国憲法は男女平等を謳い、昭和生まれの新世代は学校でもそう習ったが、現実は理想とほど遠く、夫たちは妻にかいがいしく世話を焼かれて当然と考えていた。主婦は金銭の価値が大きくなっていく時代の中で、自らの存在価値を見失った。買った食べものを料理することが、命を支える労働だという実感は得にくい。

「料理は女の人生目標に足る」と主張する江上の言葉が、生きる根本を突きながら空回り気味だったのは、急速な変化で揺らぐ個人を理解しきれなかったからだろう。

江上自身に矛盾がなかったのは、料理を、経済的な価値を生む職業としたからである。料理研究家はプロフェッショナルである。どんな仕事でもそうだが、プロは経験の幅と量がモノを言う。江上は地主の娘として育ち、野菜やコメがどのようにつくられるか、生きた魚がどのように料理されるかを目の当たりにし、自らも幼いころから包丁を握った。豊かな食生活を背景に持ち、料理の専門教育を受け見聞を広めてきた。その蓄積がひらめきを生み、次々とレシピを考案する技術のもとになったのである。

セレブリティの育ちと、一家の大黒柱という自覚が、江上にプロとして成功する道を開き、人々は彼女の研鑽の成果たるレシピや江上語録を享受できたのである。

## セレブな飯田深雪

セレブリティの料理研究家といえば飯田深雪である。ファッションデザイナーの森英恵や、ホテルオークラの総料理長を務めた小野正吉、若手だったジョエル・ロブションなどと親しかった。料理教室には皇室の人々も学びに来る。料理以外に極めたアートフラワーの個展を、モナコで王妃グレース・ケリーが主催する。結い上げた髪とドレス姿がトレードマークの飯田は、二〇〇七年八月三日の朝日新聞（夕刊）に出た追悼記事で「上品な雰囲気と優雅な語り口で教えた」と惜しまれる。享年百三だった。

人脈のベースを築いたのは、外交官の妻としてシカゴやカルカッタ、ロンドンで暮らした昭和初期である。立場上さまざまなパーティを仕切り、また招かれることも多かった。その中で学んだテーブルセッティングとマナーも、彼女が教えた得意分野である。百三十二冊も著書を出し、『きょうの料理』ほかテレビ番組で活躍した。二〇〇五年まで料理教室の教壇に立ち続けた。華やかな経歴だが、病弱なためさまざまな体調不良に悩み、結婚生活は「不幸」で、戦後仕事を始めると離婚している。

飯田が生まれたのは、一九〇三（明治三十六）年。埼玉県の旧家の娘だった母を幼いころに亡くす。医師だった父は一九〇九年に平壌に病院を建てて再婚相手と子どもたちを連れて移り住む。深雪は、西洋料理を好む父と養母のもとで、朝食に自家製パンを食べる生活をして育つ。養母はよくホテルのシェフを呼んで洋食を教わっていたという。女学校卒業とともに帰国し、兄二人と東京で暮らす。

一九二七（昭和二）年に結婚してすぐ、夫の勤務先のシカゴへ移り住む。電気冷蔵庫やサラダ、ホットドッグ、チキンの丸焼きなどと出合い、フランス式ビュッフェスタイルのパーティを体験する。カルカッタでは、本場のカレーを学ぶ。吉田茂大使時代のロンドンでは正式なティーパーティを体験する。当時の庶民には縁がなかった本物に触れてきたのである。

しかし一九四一年、夫のカルカッタ駐在中に太平洋戦争が始まる。収容所生活の後、財産らしいものも持てずに強制帰国。東京・東中野の自宅は一九四五年五月の大空襲で全焼。文字通り無一文からのやり直しとなる。

ドレスや着物を売ってしのぐタケノコ生活の最中、カルカッタ時代に世話をした日本人留学生に再会。彼の助けでシュークリームやアップルパイを売り、復興局に勤める女性たちに料理を教えて生計を立てられるようになる。バラックの自宅で料理教室を開いたのは一九四八年。苦心して集めた小麦粉や卵でシュークリームをつくったときは、「混乱した世相の中で、なにかとても豊かになった気分」（『飯田深雪の食卓の昭和史』講談社、一九八五年）になれたと述懐する。

教室に続々と生徒が集まるため、バラックを建て増しながら対応した。一九五二年ごろ、評判を聞いた雄鶏社から料理の本の執筆を依頼されたことをきっかけに女性誌で活躍、日本テレビやＮＨＫ、ＴＢＳの料理番組にレギュラー出演する。高度成長期の最盛期には、徹夜で撮影を終えた後に教室の教壇に立つ日々だった。

## 「経済的な料理」づくりに腐心

外交の場での料理、つまり最高水準の味を知る飯田がメディアで苦心したのは、視聴者や読者が再現できるよう、経済的な料理にアレンジしてレシピを提案することだった。

一九六〇年代、テレビ番組でスパイスを紹介すると、「そんな贅沢なものを使わなければいけない料理なんて困る」と投書が来た。ビーフステーキの焼き方を放送してもクレーム。人々はまだ貧しく、「贅沢は敵」という価値観は根強かった。飯田はできるかぎり本物を伝えようと腐心した。

たとえば当時、スパゲティやマカロニは、うどんの感覚で、茹でた後いったん水に取るものとされていた。

『きょうの料理』テキストからピックアップする。一九五八年七〜八月号に登場する「イタリー風冷しマカロニ」では、「マカロニは約17分間、しんがなくなるまでゆで、冷水にとって冷し、水気を切って、さらにふきんで水気をとる」とある。

昭和の洋食の定番、マカロニサラダやナポリタンは、くたくたに柔らかいパスタが好まれた。芯が残るアルデンテの茹で方が広まったのは、イタ飯ブームのバブル期だった。『スナック（付／野菜料理）』（婦人画報社、一九七六年）の中で飯田が紹介するスパゲティは、茹で方を巻頭のカラー一ページ分で写真を使って解説、茹でたら水には取らず温めた皿に取って食卓に出すよう指示している。現在の料理法と同じである。

同社で、飯田は一九六九年から七七年にかけて、西洋料理全集とも言えるレシピ本のシリーズを出版している。豚肉と牛肉などの料理を紹介する『肉料理』の号と、『チキン料理（付 卵料理）』は別。鶏肉を捌いて下ごしらえするプロセス写真九枚入りでローストチキンを紹介する。『魚料理』では、「ますの冷製」「フィッシュ・パイ」「あじのマリネー」「かにのアボカード詰め」「舌びらめのベニス風」「魚の紙包み焼き」「かにのクリームコロッケ」といった料理が並び、煮魚や焼き魚は出てこない。ほかに『オードブル』『サラダ』『チーズ料理』など全部で十二冊ある。このラインナップは、西洋のコース料理である。

飯田のビーフシチューは、どのようなつくり方なのだろうか。同シリーズの『シチューとスープ』（一九七三年）から紹介する。

「昔ながらのビーフシチュー」と銘打ったグラビア写真には、「インスタントの料理が多くなった今日では、このような本格的なシチューには、わざわざクラッシックという名をつけるほどです。英国の昔ながらの家庭料理です」と解説がつく。そのつくり方はこうだ。

牛ばら肉を切り、塩・こしょうをして小麦粉をもみ込むようにまぶしつける。牛脂を溶かしたフライパンで炒め、煮込み鍋に移す。残った脂でたまねぎを炒め、固形スープの素を溶いた湯半分を加え煮立てて煮込み鍋に移し、赤砂糖、残りのスープ、トマトピュレを入れ、煮立ったらアクをとり、ふたをして弱火で一時間半煮込む。浮いた脂をすくい取る。

じゃがいも、にんじんを面取りし、じゃがいもは水にさらす。その後鍋に加えて、小たまねぎを入れ、柔らかくなったら塩・こしょう、クローブ、タイムで調味し、グリンピースを加えて完成。

かかる時間は江上と同じかもう少し長いぐらいか。干ししいたけの出汁で本物に近づけようとした江上に対し、飯田は出汁にスープの素を使うが、食材は本格的。おそらくフランスの料理教室で学んだとおりに、何度もスープを濾す江上と、ソースをつくらず肉に小麦粉をまぶす飯田。その後多くの料理研究家が紹介する簡単な方法である。どこか親近感のある飯田の料理は、外交官の妻時代の実践のたまものかもしれない。

## （2）一九八〇年代のファンシーな料理——入江麻木、城戸崎愛

### ホームパーティの流行

一九七〇～八〇年代の昭和後期に料理全集を出したのは、飯田深雪のシリーズを手がけた婦人画報社だけではなかった。アメリカのグラフ誌『LIFE』の版元タイムライフ社は、一九七二年から七九年にかけて、江上トミの監修で世界の各国・地域の食文化と料理を紹介する大型本のシリーズの日本語版全十八巻を刊行。また、小学館では『洋風の基本料理』『シチューとなべ料理』といった全十二巻のレシピ本「料理全書クッキング・ロレッタ」シリーズを一九八〇～八一年に刊行している。小学館のシリーズにレシピを提供したのが、入江麻木、城戸崎愛といった大正生まれの料理研究家である。

国民の九割が中流意識を持った安定成長期、文学や百科事典などの全集をそろえることが流行った。命が脅かされる戦争、急激な変化を伴う高度成長期を経て、人々は教養や文化で心を満たそうとした。料理のシリーズ本も教養として受け入れられた。

このころ、主婦たちが憧れたのがホームパーティである。郊外に落ち着く家族がふえ

たのと時を同じくしている。古いしがらみから逃れ、郊外に移り住んだ家族は、近所づきあいでの茶飲み会ではなく、西洋の香りがするパーティを企画し、友人たちを招こうとした。テーマ曲「恋におちて―Fall in Love―」（小林明子）も大ヒットした一九八五年の連続ドラマ『金曜日の妻たちへⅢ』は郊外が舞台で、テラスで開くホームパーティの場面がくり返し登場する。

このドラマでもそうだが、「パーティ」であるからには出す料理はすしや煮しめではなく、テリーヌやローストチキンといった本格的な西洋料理であるべきだった。主婦たちの熱い要望に応えて一九七九年に出たのが、入江麻木がレシピを提供する、その名もずばり『パーティをしませんか』（鎌倉書房）である。

同書は、料理だけでなくクリスマスにピクニック、カクテルパーティや持ち寄りパーティといったパーティの企画や開き方も紹介している。それはたとえばこんな風だ。

「パーティというとクリスマスやお誕生日などの大きな催しばかりを思い浮かべがちですが、私が感心したのは、心のこもった日常的な小さなおもてなしの数々」

「料理もその家その家にあったものでおもてなしをしてこそ、心も伝わるのではないでしょうか」

気楽なものを、と書きながら入江が紹介する料理は、「鴨のオレンジ・ソース煮」「クラウン・ロースト」「なすのムサカ」「ポット・パイ」「舌びらめのマッシュルーム包みクリーム・ソース添え」「鶏のキエフ風カツレツ」と、本格的な西洋料理が多い。家庭料理というより、レストランで出そうな料理だ。

最初の著書『お料理はお好き』（鎌倉書房、一九七七年）でも、当時は珍しかった西洋料理が登場する。「ひな鶏の湯煮」「ブイヤベース」「かきのオーブン焼き」「海老のアメリカンソース」「ビーフストロガノフ」「キャベツのパイ」といった調子だ。

しかし、入江の料理には熱いファンが多かった。『パーティをしませんか』のあとがきには、「この二年の間、『お料理はお好き』を読んでくださった読者の方々から、なにかパーティに関した本をという声が数多く寄せられ、このたびこの本をまとめることになりました」とある。

セレブリティの世界は憧れを誘う。雑誌では『家庭画報』（世界文化社）、『婦人画報』（婦人画報社・現ハースト婦人画報社）、『ミセス』（文化出版局）などがある。『ミセス』には、今も現役で本格的な西洋料理を教える看板料理研究家、ホルトハウス房子がいる。シリーズ料理本が出た昭和後期、一流企業に勤める夫を持つ奥さまたちは専業主婦で、時間にもお金にも余裕があった。しかしまだ海外旅行は敷居が高い。都市に本格的なフレンチレストランができはじめたところで、外食だ、中食だと気軽にプロの味を楽しめる時代ではまだなかった。腕に覚えのある奥さまたちは、自らつくって憧れの外国料理を知ろうとした。主婦が料理することが当たり前だった時代である。

## ロシア貴族の妻

入江の料理本が人気だった理由はもう一つ考えられる。それは、レシピの合間に挿入された文学的なエッセイである。たとえば『お料理はお好き』に登場するエッセイ「イタリアの柿」はこんな風に始まる。

「イタリアのミラノでのことです。イタリアに行く時はいつも秋が多く、その時も秋はもう終りというような季節でした。行きつけのレストランで食事も終り、さてデザートという時に、『今夜のおすすめは何？』と聞くと……これはもっぱら、イタリア語ペラペラの征爾の通訳です」

続きが気になる書き出しである。「征爾」とは、世界的指揮者、小澤征爾のこと。孫はエッセイストの小澤征良。小澤征爾は娘婿で、入江の娘、美樹は若いころ数々の雑誌で活躍したモデルであり女優だった。入江は一人娘の披露宴を自宅で主催している。娘の結婚後、音楽関係のパーティを数多く体験した。そもそも嫁ぎ先が毎日パーティを開くような家だった。パーティの本を出すだけの経験は積んでいたのである。

入江麻木の経歴を紹介しよう。一九四二（昭和十七）年十月、十九歳で結婚。相手は、ロシア貴族の末裔ヴィタリ・イリイン。ロシア革命の際に家族で中国・大連に亡命していて、資産家の義父は建築家。ヴィタリは日本大学の留学生として麻木と出会った。双方の親は大反対したが二人の絆は強く、麻木は結婚してヴィタリの家に入る。父を早く亡くし、四谷で帯屋を営む母に育てられた麻木は、日本的な生活とかけ離れたロシア貴族の一員として、一からレディ教育を受けることになる。彼女が受けたカルチャーショックの大きさを物語るエピソードを『お料理はお好き』から引用する。

「私がどうしても、我慢できないほど嫌なことがひとつありました。それは内臓料理をする時で、そんな日は台所の調理台には、腎臓とか肝臓とか、豚の耳とか、形も色も気持の悪いものが並びます」

「お鍋で煮られて、やっと姿が見えなくなったと思ったら、今度はスパイスの臭いです。にんにくにしろ、ローリエにしろ、それまでの日本の生活では知らなかったものばかりで、やはりなじめません」

「一口食べるごとに決心がいりました。一口食べるごとに涙が落ちたのをおぼえています」

愛する夫のため、雄々しく異文化に入り込んでいった彼女は、さまざまなことを吸収する。誇り高き義母からは、レディとしてのたしなみと人生への立ち向かい方を、家のシェフを困らせるほど料理が得意な義父からは、ロシア料理の数々を。

入江の本には、ボルシチやピロシキ、ロシア風ぎょうざのペリメニといったロシア料理も数多く登場する。和食がないのは、彼女は十九歳でロシア人、エカテリーナ・ゲオルギーナ・イリイナとして生まれ変わったからである。

最初は意に染まぬ東洋人の嫁に意地悪だった義母も、次第に麻木に心を許す。何しろ人生の試練が次々と襲ってくるのである。厳しい疎開生活の末、横浜空襲で家を失う。戦時中に大連に戻った義父はシベリア送りとなり行方不明となる。義母は、試練をともに乗り越えてくれた麻木と、やがて深い絆を結ぶのである。

入江麻木のビーフシチュー

入江の来歴を知ると、紹介する料理が本格的なのもうなずける。何しろ昭和十年代にロシア貴族の台所で身につけたものである。ラザニアなど手間がかかる料理が多いのはもちろん、鶏を丸ごと一羽から捌いたり、コンソメスープは出汁から、パイも皮からつくる。ベーコンだって手づくり。「家庭で作れるドミソース」（ドミグラスソース）は、煮込むのに二十日もかかる。そのかわり「このソースを使った煮ものはどんなレストランの味にも負けない」（『お料理はお好き』）と言い切る。

彼女のレシピが家庭料理の域を超えていたとしても、読者はそれを喜んだ。何しろ時間とお金がある。エネルギーを持て余した主婦の知的好奇心を満たす、高度でイメージ喚起力を持つ料理が入江の本には載っていた。

同じころ、専業主婦の孤独が社会問題になっていた。『家庭画報』や『クロワッサン』などの高所得層に人気の雑誌が、くり返し主婦の孤独を伝える。専業主婦たちの苦しみを描いたルポ『妻たちの思秋期』（斎藤茂男、共同通信社）や『シンデレラ・コンプレックス』（コレット・ダウリング著、木村治美訳、三笠書房）がともに一九八二年に出てベストセラーになっている。人は時間を持て余すと、役割を見失う。生活には困らない。

夫は仕事で子どもは習い事で忙しく、自分を必要としていないように思える。やがて、料理にやりがいを見出し、プロはだしの腕を磨いていく主婦もいたのである。

入江はカルチャーショックを克服し、持ち前の器用さで料理上手になった。夫の赴任先など外国で親しくなった人たちからも料理を教わり、さらに腕を磨いた。しかし、娘が嫁いだ後に離婚。娘夫婦は外国で暮らすようになって時間を持て余し、やがて自分が教わった料理を若い日本の女性たちに伝えたいと、料理研究家になる。

彼女の素質をうかがわせるエピソードが、『お料理はお好き』に寄せた小澤征爾の序文にある。

「うまそうな料理屋で何か食うと必ず、母娘（娘の方はもちろん、私の女房）でその皿の材料のあてっこをやり始める」「行きつけのレストランでは、図々しくも、シェフ（料理長）にその推理の正解を問い質し」たうえで、家に帰るとありあわせで料理してしまうと感心している。その最初の本をきっかけに、鎌倉書房の書籍やＮＨＫ『きょうの料理』などで活躍した。もしかすると、同じように空虚感を埋めたいと願っていた主婦たちに、入江の気持ちが届いたのかもしれない。

入江のビーフシチューを、入江など五人がレシピを提供した『可愛い女へ。料理の絵本』（鎌倉書房、一九七九年）から紹介する。

にんじん、じゃがいもを切って面取りする。牛ロース肉は切って塩・こしょうを振り、小麦粉をまぶす。

鍋にバターを熱し、肉に強火で焼き色をつけてシェリー酒を振り込んでから取り出す。

その肉を別の鍋に入れて、トマトピュレ、赤ワイン、ブイヨン、ローリエを加えて強火にかけ、煮立ったらアクをとり、弱火で二時間煮込む。

小たまねぎに切り込みを入れて水と固形スープを加えて柔らかくなるまで煮る。にんじんも同様にし、バターを絡める。じゃがいもも小鍋で煮る。

肉が柔らかくなったら、小たまねぎ、にんじん、じゃがいも、マッシュルームを入れてさらに二十〜三十分煮込み、塩・こしょうで味を調えて出来上がり。

ビーフシチューは、パイ皮をかぶせ「ビーフ・シチュウ入りポット・パイ」として完成する。入江はパイも得意料理だった。

入江のビーフシチューについて解説したくだりが同書にある。

「入江先生の方は、割合にあっさりした口当たりで、ヌーベル・キュイジーヌ風ともいうべき仕上り。一方、城戸崎先生の方はトマト・ピュレを入れたコクのある仕上り。もちろん、どちらも甲乙つけがたいおいしさです」

一つ一つの素材を生かし、手間はかかるがあっさりした味わいの料理は、個人が自立したロシア貴族の家庭で培われた彼女の生き方そのものかもしれない。

## 若い女性に人気の城戸崎愛

では、「コクのある」と紹介された城戸崎愛のビーフシチューは、どのようなつくり方なのだろうか。

牛ばら肉を切り、塩・こしょう、小麦粉をまぶし、フライパンで焼き目をつけて引き上げる。残った脂で、風味をよくするためのにんじん・たまねぎを炒め、深鍋に肉と野菜を移して温め、ブランデーを回しかけてアルコール分を飛ばす。

赤ワインを加えて肉に絡め、トマトピュレを加えて強火で炒める。固形スープを溶かしたスープを加え、アクが浮いてきたら取り除いて弱火にする。にんにくとブーケ・ガルニ（パセリ・セロリ・ローリエ・タイム・セージなどを束にしたもの）を加えてふたをし、弱火で一時間半〜二時間煮込む。

肉が柔らかくなったら、下ごしらえしたじゃがいも、にんじん、小たまねぎを加え、アクを取り除きながら野菜が柔らかくなるまで煮る。

塩・こしょうで味を調え、バターを落として仕上げる。

読み比べてみると、城戸崎愛のビーフシチューのコクは、最後のバターが効いているように思える。トマトピュレは入江麻木も使っているからだ。実は城戸崎は、NHKで料理の「バターを少し控えて」と言われるほど、バターや生クリームを使った料理や甘いものを食べ過ぎて糖尿病になり、後年はあっさりした味つけを心がけるようになる。

彼女のベースは、ヌーベル・キュイジーヌ以前のパリで通ったル・コルドン・ブルーのフランス料理にある。ビーフシチューで、風味をよくする目的で野菜を炒めるところに、その教育がうかがえる。

城戸崎愛は、一九二五（大正十四）年に神戸市で、三人きょうだいの末っ子として生まれた。七歳のときに父親の転勤で東京へ移り住む。女学校を出て東京家政学院に進学。戦中戦後の栄養不足と過労で結核にかかり、五年の療養生活を強いられる。

一九五五（昭和三十）年、三十歳で当時としては遅い結婚を見合いでする。食い道楽で来客の多い城戸崎家で歓迎された彼女は、夫の家族が好んだ一流レストラン、東京會舘にできた料理教室に第二期生として入学。西洋料理、中国料理を学ぶ。しかし、翌年に子宮がんで入院し、子どもを産むことを断念する。

その入院中、朝食の食パンとバター、牛乳、生卵に、砂糖を分けてもらって配膳室の隅のガス台でフレンチトーストをつくる。医師や看護婦から聞かれるままにレシピを渡したのが、レシピを書いた初体験。「ともすれば絶望的になる入院生活」（『伝えたい味』集英社、二〇〇八年）の中で、皆と食べることで生まれる幸福感を味わうのである。

城戸崎愛（提供・朝日新聞社）

一九五九年ごろ、産経新聞で雑煮のレシピを書いた投稿が注目され、主婦の友社で料理研究家としてデビューする。だが料理本の仕事が決まって準備中の一九六六年に商社勤務の夫の転勤が決まり、パリで暮らす。そこでル・コルドン・ブルーに入学するのである。

帰国後、『主婦の友』（主婦の友社）などでの仕事を経て、一九七七年に『nonno』（集英社）で、ピーターラビットをイメージしたレシピの依頼を受けたことをきっかけに、『nonno』や鎌倉書房の書籍などで活躍。鎌倉書房では「ラブおばさんのお嫁さんクッキング」という初心者向けの解説本シリーズを出す。若い読者を「明るく応援する姿勢」を心がけ、「ラブおばさん」の愛称で親しまれた料理研究家、城戸崎愛の時代が始まる。

### 手づくりブームの一九八〇年代

当時、物語を題材にとった料理本が次々と出版され、ひそかにブームとなっていた。その嚆矢《こうし》は文化出版局から一九七六年に出た『プーさんのお料理読本』である。以降、文化出版局は『メアリー・ポピンズのお料理教室』（一九七七年）、『大草原の「小さな家の料理の本」　ローラ・インガルス一家の物語から』（一九八〇年）といった、人気児童文学に登場する料理をイメージしたレシピ本をヒットさせる。

主婦の友社、講談社、学研など追随する出版社も現れた。鎌倉書房は前掲の『可愛い女へ。料理の絵本』のほか、セットとして売り出された『可愛い女へ。お菓子の絵本』を一九七八年、『赤毛のアンの手作り絵本』三巻セットを一九八〇年に出す。入江麻木の二冊もそうだが、鎌倉書房のシリーズはエッセイあり、イラストあり、物語のシチュエーションを再現したカラーグラビアありと盛りだくさんな内容がうけ、増刷をくり返す。いずれも城戸崎はレシピを提案している。

『nonno』の物語のレシピ企画は、この流行に乗ったものである。書籍のブームは五年ほどで収束するが、『nonno』は一九八七年二月二十日号でも城戸崎と組んで「童話の仲間と朝ごはん」という料理ページで、「『トム・ソーヤーの冒険』と魚のフライ」「『不思議の国のアリス』とおかゆ」などのレシピを、料理の周りに雑貨を並べたファンシーな安東紀夫の写真とともに紹介している。

ファンタジックな料理本や雑誌の料理企画が成立した昭和後期は、若い女性の間でかわいらしいものが大流行した時代である。

一九七〇年にオールグラビアの『anan』（平凡出版・現マガジンハウス）が、翌年に『nonno』が創刊され、若い独身女性という新しい層が発見された。高学歴化が進み、結婚までの自由時間が長くなったのである。両誌が旅行特集をたびたび組んだため、京都や萩、長崎、鎌倉、軽井沢といった観光地に若い女性が押し寄せた。

ファンシー雑貨も人気だった。一九七四年に誕生したハローキティなどのサンリオのキャラクターをはじめ、さまざまなキャラクターをデザインした文房具やマグカップなどが売れた。軽井沢や清里などの避暑地では、山小屋風のペンションがふえた。

城戸崎愛が活躍した物語の料理企画は、ファンタジックなものに憧れる若い女性の流行を背景にしたものだった。そう考えれば、やはり物語の料理企画で活躍した入江麻木の人気の別の側面が浮かび上がる。本格的な西洋料理は当時、夢の世界だったのである。

物語の料理と本格的な西洋料理のレシピ本の流行は、同じ時期に起こっている。どちらも手間がかかり、非日常的な料理を紹介する。お菓子のレシピ本も多かった。

お菓子やパンの料理教室やレシピ本も、この時期の流行だった。『赤毛のアンの手作り絵本』には、パッチワークキルトなどの手芸も紹介されているのだが、特にアメリカの文化がベースの手芸も流行した。つまり、流行ったのは「手づくり」なのである。

日々の着物を繕ったり、古い着物をほどいて再生したり、漬物や味噌、乾物といった保存食品を手づくりすることは、少し前までの日常にあった。昭和後期、中年以上だった世代はその時代を記憶している。

洋服が既製品で手に入り、保存食がなくても困らない昭和後期、女性たちは西洋文化の香り漂う手づくりに憧れた。着物や糠漬けは昔のものだが、ジャムやパッチワークは新しくておしゃれだった。それが『赤毛のアン』が舞台とした十九世紀後半から二十世紀初めのカナダの人々にとっては、着物や漬物と同じ日常の必需品だったとしても。パーティと同じくフィクショナルな憧れの対象としての西洋である。飯田深雪や江上トミが伝えようとした本物とは違う世界観が求められていた。

手づくりへの憧れは、あらゆるものが商品化へ向かい表面的には満たされた時代にあって、暮らしを取り戻す無意識の行為にも見える。自分の手を動かしモノを生み出す喜びがそこにはあった。そして、没頭できる間は、退屈な日常を忘れさせてくれる。

## 理論派の料理研究家

城戸崎愛の話に戻る。長年にわたって専門的な料理教育を受けた城戸崎のレシピは、フランス料理の理論に基づいている。彼女の集大成とも言える前掲書、『伝えたい味』からいくつかピックアップしよう。

たとえば野菜の切り方。「ポタージュ・ペイザンヌ」では、じゃがいも・かぶ・にんじんが五～六ミリ角、長ねぎ五ミリ幅、トマト八～九ミリ角。長ねぎ、にんじん・かぶ、じゃがいも、トマトの順に鍋に入れる。ル・コルドン・ブルーで習ったこのやり方は、野菜によって異なる火の通り方、食べやすさを考えたもの。習った当時、「こんなにきれいでおいしいスープができ上がることに、驚き、感動したものです」と述懐する。

サラダを解説した項では、料理の「足し算と引き算」でレシピを決めると書く。きゅうりのサラダでは、サラダ油、塩・こしょう、酢でつくったフレンチドレッシングに、香りが強いパセリと万能ねぎを使っている。蒸したかぼちゃのサラダは、にんにくを効かせる。素材を引き算で決め、味つけで足し算をするのである。

サラダは、城戸崎の得意分野である。彼女の代表作「レタスのレモン風味サラダ」の材料は、レタスとレモンとグラニュー糖だけ。新婚当時、夫から南仏で食べた味が忘れられないからとリクエストされてつくった料理である。このほかにも城戸崎は、「ごちそうサラダ」「おかずサラダ」「おつまみサラダ」といったさまざまな切り口でサラダのレシピを紹介している。

サラダは進駐軍によってもたらされ、流通環境が整備された高度成長期に広まった料理である。一九七〇年に出た飯田深雪の『サラダ』では、サラダの役割から解説を行っているが、その十年後にはもう日常の料理となり、いかに斬新な切り口で提案するかが企画の勝負となっている。現在もつくりおきサラダなどさまざまな切り口のサラダレシピ本が流行っているが、城戸崎のレシピはバリエーション時代の最初期のものと言えるだろう。今も現役で活躍する料理研究家、城戸崎の時代になり、西洋からの直訳ではなく独自のアレンジを加えた西洋料理が定着し始めたのである。

## （3）平成のセレブ料理研究家――有元葉子

### 時代の先を行くサラダ

城戸崎愛が「ラブおばさん」として人気者になっていた一九八三年、主婦向けライフスタイル誌『LEE』（集英社）が創刊された。主婦に寄り添う記事を載せた文字中心の総合雑誌『主婦の友』などの時代はそろそろ終わる。イメージ優先の時代が始まった昭和後期、すてきな暮らしを提案するグラビア雑誌が登場する。

同誌で活躍を始めた料理研究家は多い。テレビキャスター栗原玲児の妻、栗原はるみ、イラストレーター和田誠の妻でシャンソン歌手の平野レミ。そして有元葉子である。栗原は有元が提案する料理は洗練され、時代の先を行く。たとえばサラダである。一九九八年版の『娘に贈るわたしのレシピ』（主婦と生活社）から拾ってみる。

白身魚やアボカド、トマト、たまねぎ、香菜（パクチー、コリアンダーとも呼ぶ）を使った「おさしみサラダ」。オリーブオイルとレモン汁などで和えた「白いんげん豆とトマトのサラダ」、生のピーマンの細切りを使った「グリーンサラダ」。魚醬のニョクマム、香菜、ディルの風味を効かせた「ベトナム風の野菜サラダ」。

バブル期のイタ飯ブームから約十年。最初はにおいが気になると言われたオリーブオイルが、ヘルシーと宣伝されて台所に入り、ハーブをベランダで育てて料理に入れることがおしゃれとされていた。そのころ、アジアの料理は外食で流行し始めたばかりである。しかし、「娘に贈る」と入れたタイトルから、有元家ではこういった料理がふつうに食べられてきたと推測される。

有元の料理がスムーズに受け入れられたのは、若い世代の外食体験がふえたからである。一九八八年に首都圏で発売された情報誌『Hanako』（マガジンハウス）は、しばしばグルメ情報を載せて流行を生んだ。総務省の労働力調査によれば、一九九二年に初めて専業主婦世帯を上回った雇用者の共働き世帯は一九九七年以降、多数派となる。晩婚化も進み、独身生活を謳歌する女性もふえていた。彼女たちは自分の財布でおいしいもの、新しいトレンドを求めて町へ行く。

有元葉子（提供・共同通信社）

共働きの女性たちが夕食の食材を求めたのは、都心にある百貨店の地下の食品売り場だった。地元に帰る時間にスーパーは閉まっているからだ。閉店近い百貨店の食品売り場は、そんな仕事帰りの女性が多く、百貨店は地下の閉店時刻を延ばした。

そのころ、地下の目立つ場所に店を構え始めたのが、惣菜メーカー、ロック・フィールドが一九九二年に始めた洋惣菜のブランド「RF1」だった。色とりどりのレタスにパプリカ、ひじきやごぼう、かぼちゃ、海藻、刺身、肉などを組み合わせる斬新で色鮮やかなサラダが、ショーケースの中で山のように盛りつけられている。欧米のデリカテッセンにヒントを得て生まれた、バリエーション豊かなサラダは人気となり、RF1は店舗数をふやし続けた。一九八八年に『Hanako』が名づけたデパ地下という言葉が定着し、メディアがブームと呼ぶのは、渋谷の東急東横店がリニューアルして流行の店を集めた二〇〇〇年である。

有元のサラダは、RF1のショーケースに並ぶサラダと遜色がなかった。その発想の源は豊富な海外体験である。一九九〇年代初めごろからくり返しベトナムに通い、エスニックな要素を取り入れた料理を提案した。やがて忙しさの中で離婚。イタリアに惚れ込み、一九九〇年代半ばにウンブリア州に家を買い東京と交互に暮らすようになっていた。ベトナムもイタリアも市場などで買う新鮮な野菜をたっぷり使った料理が多い。有元は野菜好きである。

## 有元葉子のベトナム料理

一九八〇年代後半、円高を背景に海外旅行へ行く人は五年間で倍増。そのころ、憧れの旅先はアメリカやヨーロッパだった。夏休みを海外で過ごす女性がふえ、旅慣れてきた一九九〇年代半ばになると、新しい刺激を求めて東南アジアへも行くようになる。そのあたりからベトナム料理が流行り始める。ブームに火がついたきっかけは、二〇〇〇年に東急東横店に出店したベトナム料理店、「サイゴン」の生春巻きだった。

エスニック料理自体の人気は、一九八〇年代後半の激辛ブームや無国籍料理店の増加から始まっている。スパイシーなカレーをナンで食べるインド料理が流行り、パクチーと魚醬、ココナッツミルクを使うタイ料理が流行る。次に発見され広がったのが、タイ料理と素材は共通するが、味つけは穏やかなベトナム料理である。

有元葉子は、ブームに先駆けてベトナムを発見している。きっかけはホーチミンに住む姪を訪ねたこと。最初はホテルを出るのも怖かったのが、いつの間にか屋台で食べ、市場で買い出しをし、お気に入りの器を求めて歩き回るようになる。親しい仕事仲間に声をかけ、一緒に通ううちに、その旅がさまざまな雑誌の企画になる。買ってきた器に有元のベトナム風料理を盛りつけて。若い女性たちの間に広まったベトナムブームは、有元らがつくり出したとも言えるのである。

有元は、現地の味を再現しようと取り組むが、未知の食文化を持つ料理はそう簡単に真似できなかった。たとえば屋台料理のお好み焼き風の「バンセオ」を「思い通りに再現するために、三回はこの国へ通う必要がありました。焼き手のそばにつききりでメモをとり、写真を撮り、あげくのはては、ビデオを撮り、ベトナム人に細かく聞いても、なお思うようにいかなかったのですが、粉にして使う米の種類が違うと知って、やっと納得」したと、エッセイ集『わたしの日常茶飯事』（ちくま文庫）で書いている。

十数回通ってものにした料理をまとめたのが、一九九六年に出した『わたしのベトナム料理』（柴田書店）である。

有元流の「バンセオ」のつくり方も載っている。米粉、ココナッツミルク、ターメリックでつくった生地と豚薄切り肉、小エビ、万能ねぎを中華鍋で焼きながら、しめじ、長ねぎをのせて溶いた卵をまんべんなくたらし、もやしをのせて焼く。

このほかにも今ではおなじみになったフォー、生春巻きはもちろん、魚醬で味をつけた「バゲットサンド　ベトナム風」や「牛肉の甘ずっぱいサラダ」「かに春雨」「竹筒焼き　ミートローフ」といったいかにもエスニックな料理が並ぶ。

同書は、ベトナム料理の認知度が低いことを前提に編集されている。最初に、八ページに渡る写真入りの食材の解説がある。レシピの前にも簡単な解説が添えられる。生春巻きを紹介する前のページで、ライスペーパーの使い方を解説する。巻末には、ベトナム文化の紹介が八ページある。屋台を紹介するくだりでは、「道を歩いているだけで、あらゆる食べ物にありつけるのです。もちろん建物の中に構えた店だってあるのですが、どうもみんな外で食べるのが好きなようです。安さもひとつの理由かもしれません」と書いている。

## カフェブームの先駆け

『わたしのベトナム料理』が当時、時代に先駆けていたことを表す要素の一つが、インディカ米を使うレシピ群である。「かき雑炊」「鶏のレモングラス入り炊きこみごはんガータイコム風」「クラムライス」「魚のおかゆ」。炊き方の解説もある。

「インディカ米は吸水の必要はありません。小さくて細かいので、水に浸けるとやわらかくなりすぎてしまいます。研ぐ必要もありません」

冒頭の食材解説集にも載っている。「ベトナムの主食は長粒種のインディカ米。パラパラサラリと炊けるので、汁ものや炒めものをかけて食べると汁気や油気がうまくなじんで、それはおいしいもの」とある。記録的な冷夏でコメ不足となり、タイ米（インディカ米）を大量に輸入したが、癖のある香りと「パサパサした」食感が嫌われて大量に捨てられ、ニュースになったのは、同書が出る二年前である。

そんなアジアの食材や料理が一般化したのは、一九九〇年代後半から二〇〇〇年代前半に起こったカフェブームがきっかけだった。

ワンプレートのカフェ飯は「値段の割に量が少ない」「おままごとみたい」などと揶揄されもしたが、カフェは着実に定着した。カフェ飯レシピは定番になって、最近のレシピ本の中にも散見される。

カフェ飯は、世界中の食材や料理法が入ったグローバルな料理である。アボカドとマグロを丼にする。大根サラダに魚醤とハーブを使う。切り干し大根などの乾物もサラダにする。雑穀米にスパイスがたっぷり入ったカレーをかける。アジアやヨーロッパ、日本の食材を自由に組み合わせた料理なのである。一九八〇〜九〇年代に入ってきたアジアの味を、どのように使えばジャポニカ米を中心にした日本の食卓に合うか、その提案をしたのがカフェの料理だ。つまり、昭和に洋食を受け入れた日本の人々は、平成になるとアジアの味も日本化させたのである。

有元の料理は、もしかするとカフェ店主たちのヒントになったかもしれない。何しろ『わたしのベトナム料理』は、プロ向けの料理本や雑誌を出す柴田書店の発行なのだ。

カフェ飯的アレンジの先端を行く提案として、『娘に贈るわたしのレシピ』をもう一度見てみよう。「キーマ・カレー」や「マレー風とりの煮込み」「かじきマグロのハーブ焼き」「韓国風の牛すねそうめん」「ゆでどりハノイ風」「オリーブの前菜」といったヨーロッパやアジアの要素が取り入れられた料理がレシピの約半分を占める。残りは和食である。

ビーフシチューのレシピももちろんある。そのつくり方は次の通り。

脂のあるブリスケ（牛の胸肉）または牛ばら肉と、脂のない牛もも肉または牛すね肉に塩・こしょうをふって小麦粉をまぶす。

フライパンに油とバターを熱して牛肉を焼く。牛肉を取り出し、たまねぎ、セロリ、にんにくを炒める。肉と野菜を鍋に移す。フライパンには赤ワインを注いで焼き焦げをこそげる。

牛肉の鍋に赤ワインを加えて火にかけ、ローリエ、トマトピュレを加え、塩・こしょうを入れ、固形スープの素でつくったスープを注ぐ。一時間〜一時間半経って肉が柔らかくなったら、にんじんを加えて三十分ぐらい煮込み、塩・こしょうで味を調える。

にんじんの量が多く、「おいしいにんじん料理とでもいったほうがよさそうです」と解説され、野菜好きの側面が表れている。また、肉の半分に脂身のない部位を使うなど、さっぱりした味わいになっている。それが有元の個性なのだろう。

### 原点にある昔の暮らし

有元が、ベトナムとイタリアに惹かれたのは、恐らく懐かしさからである。ベトナム旅行をして、懐かしさを感想に挙げる人は多い。イタリアのスローライフに憧れる人も多い。古い道具を大切に使う。手仕事。市場で店の人と交渉しながら買い物する。食べものや土、水、排泄物などが入り混じったにおいがある。それは確かに私たちの暮らしにも、昔あったものである。有元の場合、その記憶を原体験として持つ。

有元葉子は、旧満州生まれ。五人きょうだいの末っ子だ。本人の記憶は引き揚げた後に暮らした千葉県市川市から。父親の実家は福島県会津若松市の味噌・醤油・酒を醸造する老舗蔵元。母親は長崎県の医者の家の出身。父は紡績会社のエンジニアをしており、母は専業主婦で料理好き。両親ともに食べることと暮らしを大事にする。

みつばち、蘭、バラ、小鳥などさまざまな趣味に凝った父は、最後に骨董にハマる。葉子は父の高麗《こうらい》青磁や三島に強く惹かれた。高価な器をふだんの料理に使い、午前と午後に家族でお茶の時間を持つ。母は長くお茶の稽古を続けた。茶の間には火鉢があった。

母は手間を惜しまず料理する人で「よくひいきの天ぷら屋さんに通い、あれこれたずねていた」(『娘に贈るわたしのレシピ』)研究熱心な人だった。毎年大量の漬物をつくる。旬の素材を使った和食が得意だった。

何しろ素材が良質なのである。家の畑できゅうりやトマト、なすなどを育てていたし、週に三回担ぎ屋のおばさんが朝採り野菜を持ってきた。父の田舎へ行けば、お湯を沸かしてから枝豆を摘みに行く楽しみがある。兄たちは長じて野菜づくりや漬物、そば打ち、味噌づくりなどに凝るようになった。

有元の幼少期は、町にも農村の面影が残り、自然に寄り添う暮らしが当たり前だった最後の時代だ。そして、両親の文化的、経済的豊かさを吸収したベースがあるからこそ、時代の先を行く提案ができた。流行を牽引する人の背景には必ず豊かさがある。

日常こそ大事、とする有元の考えを伝えるエッセイ集『わたしの日常茶飯事』（筑摩書房）が出たのは、一九九七年。昔ながらの手仕事を取り戻そうとするスローフード運動が、日本に伝わりブームになる三年前である。

## 日常茶飯事の料理

有元のセンスは、長じてからの生活でも磨かれていった。

桑沢デザイン研究所を卒業し、千葉大学教授の秘書をしていて茶懐石の大家だった料理人、辻嘉一の本と出合い、料理に興味を持つ。アパレルブランドのVANの企画やファッション誌の編集を経て結婚退職。専業主婦になると、中国料理の臼田素娥、西洋菓子の宮川敏子、『ミセス』のホルトハウス房子など、第一線で活躍する料理研究家たちに習う。

そのころから、辻嘉一の本を手本に盛りつけを工夫して生活を楽しんできた。『LEE』編集部の目に留まるのは無理もない。その経緯を編集者の村上卿子が『わたしの日常茶飯事』の解説に記している。

「撮影に伺った料理研究家のお宅で、出来上った料理に合う器が足りなかったので、その料理家の指示でスタイリストが向かいの家の奥様に器を借りに行ったという。その時の奥様こそが、当時専業主婦だった有元さんその人だった。器を見せていただいたそのスタイリストは、彼女のセンスのよさに舌を巻いた」

有元は一九九六年に『LEE』の別冊として『有元葉子　料理と器のおいしい出会い』（集英社）を出している。窯元を訪ねたり、器に合わせ、あるいは場面に合わせた盛りつけを提案する本である。もちろん巻末にはレシピもある。著作には台所道具の本もある。豊かさが前提になった平成に生きる人々は、もはや料理のノウハウだけでは満足できない。トータルな暮らしの中で、料理を捉える視点が喜ばれる時代になったのである。

二〇〇七年、有元は調味料だけで一章を割いた『だれも教えなかった料理のコツ』（筑摩書房）を刊行。調味料は二〇〇〇年以降、三度のブームが訪れている。最初はスローフードブームの二〇〇〇年代初頭。文化出版局から出た『厳選。だし、調味料を究める。』（二〇〇一年）などの本がある。

二度目が前述の有元の本が出た二〇〇七年前後。リーマンショック前の好景気だった。このころ、グルメ雑誌『dancyu』（プレジデント社）などで活躍していたグルメライター、藤田千恵子が調味料製造元を訪ねたルポ『これさえあれば』（文藝春秋、二〇〇六年）などが出た。三度目は二〇一三年ごろから始まる。

短い周期でブームが訪れたのは、スローフードの価値観がより広い層へ浸透していったことによると思われる。規格品に囲まれた便利な生活が当たり前になって、暮らしが経済効率で測られることへの違和感が広がった。そんな人々の欲求を言い当てた言葉がスローフードだった。昔ながらの手仕事を守り続ける生産者や、化学肥料や農薬に頼らない農産物に光が当たる。現代生活に違和感を覚えたり、新しい時代の流れを感じた新しい世代の生産者が、昔のモノづくりを再興させる。

調味料に関しては、塩の専売制が一九九七年に廃止され、二〇〇二年に輸入が自由化される転機があった。国内外のさまざまな塩がスーパーの棚にも並び、つられるように他の調味料へも関心が向かう。味噌や醤油の棚にも全国各地の小さな蔵元の製品が並ぶ。調味料を替えると味も変わることに気づいた消費者がふえたのである。

相変わらず世の中は、簡便な大量生産品が流通の大半を占めるが、その中で少しずつ失った暮らしへの見直しが始まり、失った時代より豊かな食文化が育ち始めている。そういう時代の欲望をいち早く捉え、食材や道具を使いこなして時代に合わせた提案をするのが、豊かさを背景に持つ料理研究家の仕事である。

## 料理再現コラム①

### 入江麻木の「なすのムサカ」

入江麻木は中学校の図書館で『パーティをしませんか』を観て以来、憧れの料理研究家だった。今回、同書を再読してつくりたくなったのが、「なすのムサカ」である。トルコやギリシアの料理とは知っていたが、食べたことがなかった。ちょうど来客の予定もある。

まず、塩・こしょうを振り、小麦粉をまぶしたなすを焼いて、中身をスプーンでくり抜く。皮は型に敷き詰めておく。にんにく、たまねぎ、ピーマン、マッシュルームをみじん切りにして炒める。ボウルに豚ミンチ、なすの中身、炒めた野菜、卵、粉チーズを入れ、塩・こしょうを振って混ぜる。型に詰め込んで、オーブンで焼く。オーブンがピーッと鳴ったところで取り出して竹串を刺し、完成を確かめる。祈るような気持ちで大皿にひっくり返す。なすの皮で覆われたムサカが無事完成。少女時代、飽きるほどケーキをつくった経験があってよかったと胸を撫で下ろす。

食べてみる。チーズの香ばしさとそのコクと、なすの爽やかさの塩梅が非常によい。上等なハンバーグかミートローフみたいで冷めてもいける。なすの中身をくり抜くのに悪戦苦闘し、下ごしらえから完成まで二時間近くかかったがおいしい。これなら人に出せそうだ。

友人たちが来る日に、改めてつくる。彼女たちも、「何これ、おいしい」「これなら主役張れますね」と、褒めてくれた。ふだん、ミンチは炒めるだけの料理しかしない私にしては会心の出来。ちゃんと読んで従えば、料理研究家のレシピは自分の引き出しにない新しい世界をもたらしてくれる。

# 第二章　小林カツ代の革命

## （1）女性作家の時短料理術

### 衝撃のベストセラー『家事秘訣集』

高度成長期、成長する企業は人手不足で、一九六〇年代半ばにもなると既婚・未婚にかかわらず職を得る女性がふえてきた。労働力調査によると、一九五五年に三十一・二パーセントだった女性雇用者の割合は、一九六五年に四十八・六パーセント、一九七〇年には五十四・七パーセントと伸び続けた。主婦の存在意義を問う論争が起きたのは、それだけ働く女性がふえたからである。

小林カツ代（提供・共同通信社）

高度成長期後半には、戦後民主教育を受けた世代が大人になっていた。夫や子どもに尽くし、一日中家にいる戦前的な主婦は、時代に合わなくなってきたのである。一九七〇年には、学生運動から飛び火するようにウーマンリブの運動も起こり、やがてフェミニズム運動へと発展していく。

一九六八年、衝撃的な言葉を冠した本が出て、二十二万部のベストセラーとなった。評論家の犬養智子が書いた『家事秘訣集　じょうずにサボる法・400』（光文社）である。家事、育児からおしゃれまで十三項目に渡って、自ら考案した知恵や工夫を書いた生活ノウハウ本。朝日新聞学芸部がまとめた『台所から戦後が見える』（朝日新聞社、一九九五年）に、当時を振り返る犬養の言葉が載っている。

「団地のそばの本屋から飛ぶように売れたそうです。回し読みも多かったようです。（中略）女性には、大歓迎されました。でも一部の男性には猛反撃をうけました」

主婦に「サボる」ことをすすめたのが、彼らには許しがたかったのだろう。何しろ、洗濯機が登場したときも、電気釜が登場したときも、「主婦が働かなくなる」と反対する男性が少なからずいた。彼らは、妻や母たちに、朝から晩まで家の中で立ち働いていてもらいたいのである。

同書には、批判の対象になった「じゃがいもは洗濯機で洗う」など、実用的でないアイデアも確かにあったが、その後定着したもの、対応する商品が生まれた提案も多い。「冷蔵庫の中の棚に籠を置く」は、冷蔵庫の奥まで取り出しやすくして、死蔵品を出さない工夫で、今はタッパーウエアなどの冷蔵庫用の収納用品がたくさんあるし、電機メーカーも取り出しやすい棚に改善した。「ねぎは鋏で切る」は批判されたが、その後キッチンバサミが登場し定着している。「家族全員、自分でかんたんにつくれるメニューを一つ持つ」は、平成になって子ども料理が流行ってから定着した考え方で、老人から子どもまで料理できる能力を持つべきだという考え方は半世紀も先を行く。

まえがきに著者の思いがある。

「これまでの家事の本には、あなたを働かせることばかり書いてありました。けれども、これはあなたの仕事を減らし、家事の近道を見つけるための本です」

「だんなさまは、オフィスで技術革新の波にさらされ、子どもたちも、あなたの知らなかった新しい知識を学んでいます。なぜ、あなただけ、おばあさん、おかあさんの時代からの家事の亡霊に悩まされなければならないのでしょうか」

「家事は、あなたと家族が快適に暮らしていくための手段であって、けっしてあなたの生涯の目的ではないのです」

これは女性による女性のための〝人権宣言〟である。旧時代の使用人的家事労働者から脱し、自らの人生を主体的に生きる権利が女性にもあると主張する本なのである。そのために、無駄な労働を省いて自分のための時間をつくろうと提案している。

著者の犬養智子は一九三一（昭和六）年生まれ。その後離婚するが、当時は五・一五事件で暗殺された首相、犬養毅の孫の妻だった。アメリカの大学に留学してジャーナリズムを学び、シカゴ・デイリー・ニュースの東京支局で働いた経験もある。自身の祖父も新聞社の社長まで務め衆議院議員になっている。女性の生き方に関する著書が多いが、童話も書くなど、幅広い分野で執筆を行っている。

## 桐島洋子の『聡明な女は料理がうまい』

犬養智子の著書が出た当時、調理の工程を省く加工食品が次々と出ていた。一九五八年、インスタントラーメンが登場。すぐに各社からさまざまなインスタント食品が出され、一九六〇年には、『週刊朝日』十一月十三日号で「インスタント時代です」という記事も出た。その後、冷凍冷蔵庫の普及に伴って冷凍食品が広まり、一九六八年には初のレトルトカレーが誕生した。一九七一年にはマクドナルドが上陸してファストフード店もふえていく。

人はラクな方へと流されやすい生きものである。加工食品もいいが、それで失うものもあるのではないか、と女性たちに警鐘を鳴らした作家、桐島洋子の『聡明な女は料理がうまい』(主婦と生活社)が出たのは一九七六年である。

この本もベストセラーになったが、タイトルだけがひとり歩きし、「料理がうまい女はモテる」と誤解された。何しろ著者が桐島洋子である。あえて未婚の母となったことが知られ、恋多き女と思われていた。桐島は一九三七(昭和十二)年に東京で生まれ、高校を出て文藝春秋で働いた後、次女出産をきっかけにフリージャーナリストとして海外各地を放浪。一九七二年にルポ『淋しいアメリカ人』で大宅壮一ノンフィクション賞を受賞し、時代の寵児となっていた。

『聡明な女〜』は「恋が無惨に終わってズタズタに傷ついていたとき」に依頼された本である。愛についての人生論を求める編集者に対し、「料理こそ愛なんだから」と説き伏せたとは、二〇一二年にアノニマ・スタジオから出た復刻版のあとがきにある。

この本は、世界各地で女性運動が盛んになった時期に出ている。日本でもフェミニズム運動が盛り上がった。その中で問題とされたテーマの一つが、女性だけに家事・育児を押しつけられることだった。

解放された女性のシンボル的存在だった桐島が、あえて料理こそ自立を促し、人と人をつなぐ人生の一部であり、手放してはいけないと打《ぶ》ったのが、同書である。いわく、

「いまや女たちの料理力はどんどん退化して無能な男のレベルに近づき、おいしいものをみずからの腕でほしいままにする自由を喪失している」

「男性的な自由な発想で家事を合理的に再編成し、最も快適な秩序を自分のものにして台所を賢く支配していかなければならない」

「家庭の食卓に現われるごちそうが駅前食堂のウインドーのほこりっぽい蠟細工そっくりだったりするのは興ざめ」と、創意工夫のない料理をこき下ろすくだりもある。

料理のつくり方を具体的に述べるところは多いが、個人的なエピソードから書き起こしている。ノウハウ本というよりエッセイ集である。

桐島洋子の手にかかれば、昆布やかつお節や煮干しも「一種のインスタント食品」になる。当時流行ったホームフリージングについては、わざわざ週末の一日を料理の下ごしらえに使うのではなく、カレーやコロッケなどを多めにつくって残りを貯蔵する、というついで調理をすすめる。アイデアが合理的で、かつ物事の本質を見定めている。

だからこそ、「世の中には手間ひまをかければかけるほど心がこもるのだと信じる人

も多い。しかもそういう人は、昔ながらの方法や手順にやたらと固執して、合理化や省力化には眉をひそめる」ために、料理初心者がかえって「意気阻喪してしまいかねない」という犬養と共通する視点からの批判は現在にも通用する。

桐島は、自分の台所を持ってこそ自立が始まる、と二十歳で親の家を出た経験から語る。本質を見誤ってはならないと、自立した女性ならではの鋭さで訴えるのである。

## 『クロワッサン』の料理

犬養智子や桐島洋子は、料理界の外にいた人だからこそ、簡便化か手づくり自慢の凝り性か、と二極分化し始めた家庭料理の世界に警鐘を鳴らせたのだろう。

家庭料理は、生活の一部である。つくって食べて片づける。それは朝起きて歯を磨いて仕事して遊んで寝る、といった一連の動作の中に本来は組み込まれているはずのものだ。犬養も桐島も子どもを持つ母であるが、どちらの本も「子どものために」と親らしさを強調したりしない。それは、料理を誰かのためである以前に、生きていくために不可欠の行為と位置づけているからだ。

桐島は先の著書の中で、世の風潮を次のように不思議がる。

「子供のとき、家事をしながら学校へ行き勉強をするのが当然自然であるように、おとなになったら家事をしながら職場へ行って仕事をするのが当然自然だとばかり思っていた私には、多くの女性が家庭か仕事かという二者択一に悩むのが、なんとも奇異なことに思われた」

この疑問は、高度成長期を経た昭和、という時代だからこそ生まれたものだ。それはおいおい明らかにしていくとして、ここで注目したいのは、彼女たち二人が、まもなく発行される女性向けライフスタイル誌で大きな役割を果たしたことである。

一九七七年創刊、『クロワッサン』（平凡出版・現マガジンハウス）である。創刊当時はニューファミリー向けを謳ったが、一年後に方向転換して新しい女性の生き方を模索する雑誌となり、四十五万部の人気雑誌へと成長した。

そのころの代表的な特集が、一九七九年七月二十五日号の「離婚志願」。離婚を検討中あるいは離婚した女性たちの顔写真入り、実名入りのインタビューから始まり、離婚後の生計の立て方、民法に至るまで解説を行う。

八月二十五日号では、「男を使う女たち　女性経営者・女性管理職」特集。十月十日号では、「〝亭主離れ〟の時代」を特集。

「夫婦だからといって、妻は夫の人格に吸収されはしない。違う夢を見、違う欲望を持つひとりの女である」

犬養智子が伝えようとしたことと共通している。十年経っても、人々の意識は大きく変わってはいなかった。なぜなら、あまりにも長い間、女性は一人の独立した人間だとみなされずにきたからである。

女性の意識を変えようとした『クロワッサン』が引っ張りだした文化人に、桐島洋子と犬養智子は選ばれている。一九八〇年十月十日号に載った読者アンケートの開票結果によれば、「生き方が魅力的な女性」の二位が桐島洋子、七位が犬養智子である。一位に参議院議員を務めた市川房枝、三位に黒柳徹子、五位に加藤登紀子が入っていた。

当時の『クロワッサン』の影響力の大きさを、『クロワッサン症候群』（文藝春秋、一九八八年）と名づけたベストセラーで訴えたのが、ノンフィクションライターの松原惇子である。松原は一九四七（昭和二十二）年生まれ。当時の『クロワッサン』の読者世代より少し上の四十一歳だった。少し上というところがミソで、なぜか一部の女性は中年になると若い同性の新しさに苦言を呈する。その言葉は中年以降の男女に喜ばれ、メディアで大きく取り上げられる。

「クロワッサン症候群」とは、一九七八年から八一年にかけて、結婚しない新しい女性の生き方を打ち上げた『クロワッサン』ほか女性誌、映画などの影響を受けて結婚しなくなってしまった三十歳前後の女性たちのことである。

この現象、どこかで覚えがあると思えば、二〇〇三年にエッセイストの酒井順子が出した『負け犬の遠吠え』（講談社）をきっかけに盛り上がった「負け犬」ブームである。平成の晩婚化が目立ち始めると、それは女性の現象として注目される。平成の「負け犬」ブームは、二〇〇八年に出た『「婚活」時代』（山田昌弘、白河桃子《とうこ》、ディスカヴァー携書）からにわかに婚活ブームへと転じ、いき遅れた女性たちの騒動としてメディアを沸かせた。

その後「少子化ジャーナリスト」として有名になる白河桃子も、この本が出た当時は四十六歳。『クロワッサン症候群』が出た当時の松原惇子と同じく、妊娠・出産を視野に入れた結婚問題の射程圏外にいた。

食の分野でも、二〇〇〇年代に年長の女性が下の世代の女性たちに苦言を呈し、専門家や大手メディアを巻き込む騒動に発展した現象があった。岩村暢子《のぶこ》が、アサツーディ・ケイで一週間の家族の食卓を撮ったという五年に及ぶ調査の結果を発表した、『変わる家族　変わる食卓　真実に破壊されるマーケティング常識』（勁草書房、二〇〇三年）

で注目され、二冊目の『〈現代家族〉の誕生　幻想系家族論の死』（勁草書房、二〇〇五年）でブレークした。内容は、若い主婦層が料理を放棄したと伝えるレポートである。

持ち帰り弁当、菓子パン、スコーンとフライドチキンといった、できあいの惣菜やお菓子を食卓に並べた写真はインパクトがあり、テレビでくり返し紹介された。実態がわかりにくい家庭料理に関する調査を提示した岩村は、一九五三年生まれ。やはり、取り上げた一九六〇年生まれ以降の世代より少し年長の女性である。

かけた労力には敬意を払うが、その内容は欲しい答に合うデータを拾い出したものに見える。『クロワッサン症候群』に登場する女性たちは、誰一人『クロワッサン』の読者ではないし、続編を松原が書こうとした折には取材を拒否している。岩村による調査は、どういう階層に調査したのかを明記しない。

どの論者も目の前の現象に関心を集中させているが、本当の問題は女性が独りで生きていくには厳しい社会の仕組みや、若い世代が家事を放棄したくなる原因にある。

ところで、症候群をうたいたくなるほど売れた『クロワッサン』のその後はというと、松原は、一九八二年ごろから女性の生き方から手を引いていったと書いている。私も調べてみたが、その部分は確かにそのとおりである。

『クロワッサン』が変わったのは、そのころから時代の潮目が変わり、人々の関心が物欲へと向かっていったからである。替わってくり返し取り上げるようになったのが、文化人たちの食卓である。

一九八二年四月十日号では、「料理は、上手になれますよ。」という特集で、エッセイストの甘糟幸子、評論家の樋口恵子、女優の高峰秀子などが登場。料理に対する心構えやノウハウを説きながら自慢料理を披露する。

一九八四年九月二十五日号では、「クロワッサンは、料理の時間を、もう少し短縮できないかと、考えています。」と題し、女優の赤木春恵、映画監督の今村昌平夫人で菓子店を営む今村昭子などに料理術を聞く。

レシピではなく、料理するシーンを紹介し、自分なりの生き方を持つ人の魅力をも伝える点は、文化人らが生き方論を打っていた当時と共通する。

その『クロワッサン』に、時折登場していた料理研究家の一人が、『小林カツ代のらくらくクッキング』（文化出版局、一九八〇年）で、常識を覆すような料理法を紹介し、賛否両論の注目を集めた小林カツ代だった。

## （2） 小林カツ代と「女性の時代」

### 誰もが料理できるようにしたい

二〇一四年一月二十三日、家庭料理の世界に革命を起こした料理研究家、小林カツ代が亡くなった。七十六歳だった。デビューは一九六四年ごろ。一九八〇年ごろから、全国区で引っ張りだこになる。二〇〇五年八月にくも膜下出血で倒れるまで第一線で活躍した。常識に囚われない簡単でおいしいレシピを提供し、明るい笑顔で視聴者・読者を励まし続けた。

小林カツ代が出した本は二百三十冊にも及ぶ。書店の料理本コーナーには今も、闘病中の息子、ケンタロウのものとともに著書が並ぶ。

小林の活躍は料理の世界だけにとどまらない。反戦と護憲の立場に立ち、動物の保護活動に力を注いだ。福祉や教育にも関わり、求められれば広い視野から発言した。夫を「主人」と呼ばない、仕事相手にも「先生」と呼ばせない。対等に接する姿勢を貫いた。一本筋の通った言論人だったとも言える。

たとえばNHKが二〇〇五年二月十七日に放送した『福祉ネットワーク』では、更生中の少年少女におにぎりを教えたエピソードを次のように語っている。

「親がいないよりもっと悲惨なのは、いるのに放棄されていること。それで犯罪に走った子がほとんどなんです」。「お母さんがおにぎりをつくってくれたでしょ」という話はタブーだが、「いつでもあなたたちは、優しいお母さんになれるのよと話します」。

共通する思いが、インターネットサイト『学びの場.com』で、同年三月九日に掲載されたインタビューにも表れている。

「食の基本はやはり家の料理です。でも、必ずしも母親が作らなくてはいけない、ということはありません。（中略）誰でもいいから家の人がおいしい料理を子どもに作ってあげることです。それが子どもの記憶にしっかりと残るんです」

誰もが料理をつくれるようになって欲しい――。そのメッセージは、十五年以上も男性向けシニア料理教室で指導するなど、晩年にかけて強く出るようになる。四分の一のキャベツを塊で具材と煮た「ロールキャベツみたい！」、分量を計らないドーナツなど、常識をくつがえす発想の料理はおいしいと評判で、彼女のレシピに助けられたという声は多い。

## 小林カツ代とフェミニズム

小林の批評精神が最も表れるのは、その視線を高度化しすぎた家庭料理に向けたときだ。女性週刊誌の追悼記事などから語録を拾ってみよう。

「毎日作るんだから。100おいしいことを目指さなくてもいいのよ。80おいしければいいじゃない。そうしないとやってられないわよ」(『女性セブン』小学館、二〇一四年二月十三日号)

ある料理ライターの発言。「〝情報があふれていて、手を替え品を替え、いろんな料理を作らなくてはならない今の日本のおかあさんはかわいそう〟という気持ちがあったんだそうです」(『週刊女性』主婦と生活社、二〇一四年二月十八日号)

デパ地下で惣菜を買う女性に眉をひそめる人たちに対して、「本当に時間がなくて、それでも殺伐とした食卓にだけはしたくないと思ってる人が、時々はおそうざい売り場を利用してもいいではありませんか」(『働く女性のキッチンライフ』だいわ文庫、二〇一四年)

小林カツ代が批判する家庭料理の常識は、高度成長期に生まれて強化されつつ現在に至っている。ハンバーグやぎょうざ、春巻き、ロールキャベツ、グラタンなど、この時期に定着した人気家庭料理は、手間がかかるものが多い。

毎食違う献立で一汁三菜そろえることが正しいとされ、主婦雑誌もテレビも、手をかけることがお母さんの愛情、とくり返し訴えた。主婦雑誌が最も売れたのは一九七〇年。台所環境が大きく変わったこの時代、メディアは主婦たちの教科書で影響力は大きかった。

便利な台所、豊かな食材、一日中家事に時間を費やせる主婦の誕生。条件が整って、家庭料理のハードルも急上昇した。だから、家電の普及が進んだ一九六〇年代、主婦の家事時間はほとんどへらない。

ＮＨＫ国民生活時間調査によれば、一九六〇年の女性の平日の家事時間は四時間二十六分、一九六五年は四時間十四分で、へったのはわずか十二分。調査方法と行動分類を変更したこともあるが、一九七〇年には四時間三十七分と逆にふえている。ようやく四時間を切るのは、一九九五年だ。

つまり、ラクになった分だけ、主婦たちは新しい仕事をふやしたのである。その一つが、手のかかる料理である。

なぜ女性たちは、料理に力を入れたのだろうか。もちろん、新婚時代は自分の台所を手に入れたうれしさも、食べたことがない料理をつくれる喜びもあっただろう。しかし、興奮する時期は短い。

その謎に真正面から向き合い、一つの回答を出したのが、一九九〇年にフェミニストの上野千鶴子が出した『家父長制と資本制　マルクス主義フェミニズムの地平』（岩波書店）である。同書は『思想の科学』（思想の科学社）連載中から大きな反響を呼び、さまざまな研究者が女性差別の構造を解き明かすうえで参考にしている。

上野は家事労働を「愛という名の労働」だと言い、「『主婦』身分が大衆化する以前には、人々はそうじ、洗濯、炊事のどの局面をとってみても、そんなに水準の高い日常生活を営んでいたわけではなかった。『主婦』が誕生してから、それにともなう高水準の『家事労働』が発明され、そのためにかえってそのレベルのクラスを維持するには『主婦』が家庭に不可欠になっていった」と指摘する。

料理は、主婦が自分の労力を最もアピールできる家事である。手が込んでいるものほど、その効果は大きい。しかし、家事は不払い労働であり、「家族の中にはっきりした男性支配や、あからさまな経済的搾取がある」と上野は続ける。

上野の論には限界がある。確かに不公平感を抱く主婦はふえ続け、家事の分担はのろのろとだが進んでいく。一方で、自分が食べたいものをつくって家族につき合わせたり、自分のつくったものをむさぼり食べる家族を観て、満ち足りた思いをした女性も少なくないはずだ。おいしいものを食べたい、食べさせたい、という欲求も確かに存在する。家事をへらしたい、でも、ちゃんとつくって家族に食べさせたいというアンビバレントな気持ちを抱く主婦に、処方箋を示したのが小林カツ代である。

## ハッと驚くアイデア弁当

小林カツ代が売れっ子になった時期は、自身の子育ての時期と重なる。忙しい毎日の中から生まれた『お弁当づくり　ハッと驚く秘訣集』（主婦と生活社、一九八四年）は、四十万部ものベストセラーとなった。

一九九七年に出た文庫版のまえがきで小林は次のように書く。

「子どもができ、幼稚園に通い出すころ、私の仕事量は爆発的に増えていきました。ふだんの毎日の食事作りに加えて、おべんとうも毎日作り続けなくてはなりませんでした。ところがとてもたいへんのはずなのに、だからこその工夫が生まれ、おいしいおべんとうを次々作り出せたんですよ」

同書には当時の常識を覆したアイデアが満載されている。

例えば、時間を短縮した煮もの類である。こんにゃくを、かつお節や醬油などでつくった調味液に一晩漬けておき、翌朝火を通すだけの煮しめもどきの「ペロリこんにゃく」。調味料をセオリー通りの〝サ・シ・ス・セ・ソの順〟ではなく、「はじめからすべての材料、調味料を鍋に煮立ててしまう」スピード煮は、かぼちゃ、じゃがいも、さといもなどを、中火で煮立てて汁がなくなれば完成する。

洋風おかずもある。熱々のソースを絡めてこそおいしいものが多いこと、油脂が固まるなど、洋風料理はお弁当に向かないと解説し、欠点を補うアイデアを提案する。

冷凍しておいたハンバーグを、水、酒、醬油、トマトケチャップを煮立たせたソースに入れ、味をしみ込ませる。前の晩にじゃがいも、カリフラワー、もやしをゆで、きゅうり、ピーマン、たまねぎ、ゆで卵を切って混ぜ、密閉容器に入れてレモン汁、マヨネーズをかけておく「アメリカンサラダ」は、食べるときに混ぜると、水っぽくならない。

子どもの健康にも配慮する。ソーセージなど添加物がたくさん入った練りものは入れない。塩分の多いたらこや塩鮭は、焼かずにゆでる。

ホームフリージングについては、桐島洋子と同じく、夕食の支度で余分につくるついでに冷凍することをすすめる。料理研究家である小林が文化人と違うのは、具体的な手順を示せることだ。「自家製冷凍は、手間ひまかかるわりに味が確実に落ちるから。ただし、おべんとうのおかずは別」と言って紹介するのは、「ポテトコロッケ」「ハンバーグ」「シュウマイ」「とりのから揚げ」「魚の塩焼き」「はるまき」。

心がけるべきは、開けたときにうれしいお弁当づくり。ケチャップで飾っても、べっちょり蓋についてしまう。彩りのレタスはシナシナになる。小林はお弁当づくりを始めたころ、自分用もつくってお昼に食べ、おかずの向き不向きを研究したそうである。

睡眠時間三時間の日々、弁当をつくり続けた小林が当時を振り返り言った「今、乗り越えられればそれでいいんです」（『女性セブン』二〇一四年二月二十日号）は、働きながら子育てする母たちの合言葉である。

## 働く女性に寄り添う

ＮＨＫが二〇一四年二月九日に放送した『ありがとう、ごちそうさま〜追悼・小林カツ代さん』では、アナウンサーらが時短料理が多かったと振り返る。

紹介するのは、『きょうの料理』からのピックアップで、野菜をちぎってフライパンに重ね、チーズをたっぷりかけてつくる「蒸し焼き野菜のイタリアン」、巻いた豚の薄切り肉を野菜と煮て「重ね豚肉ロール」と「春野菜のポトフ」を同時につくるといった、今や定番になったスピード料理を一九八〇年代から次々に生み出している。

「家庭料理って臨機応変よ」と笑顔で言うなど、完璧でなくていい、というメッセージをいかに送り続けていたかが改めてわかる。

番組に寄せられた投稿は、働く母だった人が「多忙を乗り切れたのは小林カツ代さんのおかげ」と伝える内容が目立つ。気負いが抜けた、基礎を教わったといった声が続く。彼女の後ろについて「今を乗り越えた」たくさんの女性がいたのだろう。

小林の考えが集約された本の一つが、『働く女性のキッチンライフ』である。

まえがきで「とにかく仕事を持ち続けていきたいというのであれば、少しでも良い方向に、らくな方向に持っていく方法論が、もっと論じられてしかるべきです。現実からかけ離れた理想を語るのでなく、働く女にとって、夫にとって、家族にとって、毎日の生活を少しずつでも良い方向へ持っていくための地に足のついた方法論を……」と実感に基づいて書き、「女一人がきりきりするのではなく、家族すべてが食を大切にする方向に持っていくことです」と続ける。

生活時間の管理法に時短料理術、家族を巻き込む方法まで、さまざまなアイデアを出す同書には、第一章にこんなくだりがある。

「時間のないときの時間は実に効率良く使うものです。むろん完璧ではないけれど、短い時間と長い時間と、その時間内でやった仕事は同じという結果さえ生まれるものもあります」

そうまでして料理をすすめるのは、おいしい手づくりのご飯が家族を結ぶ潤滑油だと実感しているからだと書く。小林が料理研究家人生を通じて、おいしい、簡単を訴えたのは、人生を豊かにする具体的な技術として料理を考え続けたからかもしれない。

## 「女性の時代」到来？

小林カツ代が、時短料理を提案し、時代の寵児となった一九八〇年代は、仕事を持つ既婚女性の層が拡大した時代だった。

「女性の時代」と盛んに言われるようになったのは、一九七〇年代からだ。その背景には女性の地位向上へ向かう国際的な潮流がある。一九七五年、国際婦人年。一九七六〜

八五年、国連婦人の十年。一九七九年、女子差別撤廃条約が国連で採択され、一九八五年に日本が批准して男女雇用機会均等法が成立。同法が翌年施行。

一九七三年のオイルショックで不況が始まり、既婚女性も働く必要が出てきたことも背景にある。企業側には別の理由があった。

高度経済成長の間にモノをひと通り得た人々に、さらに買わせるには営業力が必要である。新しい発想を求め、女性を営業職につける企業があった。同様の理由で女性の開発チームをつくった会社もあった。百貨店など女性消費者が対象の企業でも、女性の活用を始めた。成果が上がり、「女性の発想」がもてはやされる。

しかし、大多数の企業は人件費節約のために既婚女性の活用を進めた。パートである。まず、人員削減が行われた。真っ先にその対象になったのは、女性である。一九七五年、既婚女性の専業主婦率は史上最大。既婚の正社員がリストラされて雇われたのが、パートタイマーである。それまで、主婦のパートは正社員とは異なる単純労働が中心だった。しかしこのとき以降、正社員と同じ責任を負わされるのに給料は安く、社会保険などの保障がないパートタイマーが増加していく。

パートは高度成長期、人手不足を補うために、子育て中の女性が働く短時間勤務として生まれた。「専業主婦」という言葉が生まれるのは、パートで働く主婦がふえたからである。夫の扶養家族ではあるが、仕事と生活の両立が悩みなのは正社員と共通する。中途半端な立場が今日まで持続し、女性の生涯賃金を押し下げ貧困層を広げている背景に、政府・自民党による政策がある。

一九七九年、自民党は「日本型福祉社会」という論文を発表し、家事や育児、介護を女性が担うことで、夫が仕事に専念できるようにするのが日本的な福祉社会だと論じた。小林カツ代が、誰もが料理できるようにと訴えるのは、男尊女卑の価値観を温存させようとする政府に対抗する価値観を示す側面もあったのではないか。小林カツ代は土井たか子ら社民党員などと親交があった。

既婚女性が働くには「百三万円の壁」「百三十万円の壁」「百四十一万円の壁」があると言われる。年収百三万円は夫が配偶者控除を受けて所得税が減額される限度額、百三十万円は主婦が国民年金の第三号被保険者の資格を持つ所得上限で、保険料を払わなくても将来の年金が保証される。百四十一万円は、夫の所得が一千万円以下の場合に受けられる配偶者特別控除の壁。いずれもサラリーマンの夫がいる場合だけに適用される。第三号被保険者の資格を決めた年金改革は、均等法が成立した一九八五年に行われた。

配偶者特別控除は一九八七年に導入された。女性が自主的に仕事をセーブするように誘導する政策である。

こういう政策が有効に働くのは、子どもを持つ女性が両立しがたい長時間労働が横行し、新卒以外の採用が極端に少ない日本の雇用慣行があるからだ。

就労方法については発言していないが、少なくとも料理は性別年齢にかかわりなくできると、小林カツ代が言い切れたのは、彼女自身の生い立ちが影響している。

## 食べるもつくるも大好き

小林カツ代は一九三七（昭和十二）年、大阪はミナミの中心街近くに二人姉妹の次女として生まれた。製菓材料の卸問屋の家には、住み込みの従業員が二十人近くいた。父は経営者、母は女中の先頭に立って料理を仕切る女将さんである。

父方の祖母は料理が苦手だったので、父は「食べることに手間も暇も惜しまない」祖父の料理で育った。そのため、料理は女性のものという先入観がなく、取引のあった中国で教わった水餃子をよくつくった。庶民の味が好きで、めし屋や中華料理店などへ連れて行ってくれた。徳島から丁稚奉公で大阪に出て、最初の奉公先の食事が質素でつらかったので、店を持ったら奉公人にひもじい思いをさせない、と決めていた人である。

母は料理上手で父の要望に応えた。てんぷらや焼き肉、そうめん、八宝菜、糠漬けなど、細かい気配りをした得意料理がいくつもあった。同時にグルメでもあり、フランス料理や日本料理などを食べさせてくれた。耳が悪く、娘たちは母をかばいながら育った。弱者へ思いを寄せるカツ代の言動は、こんな生い立ちも関係しているのだろう。

家庭料理に対する柔軟さは、食べることとつくることが好きな両親のもとで培われた。料理研究家のスタイルを決める原点には、必ず育った環境がある。元奉公人に「忘れられない」と言われる母のそうめんは、つゆに使う出汁の「かつお節はぎゅっとしぼって」味を出すことがコツだった。カツ代レシピでかつお節の出汁を絞ることは定番である。

仕出し屋や惣菜屋に頼んでいた料理もあった。鯛の姿焼き、鴨ロースなど、「大勢のお客さんのときは、家で作るだけでなく、仕出し屋さんにも少し頼んでいました」と『小林カツ代の「おいしい大阪」』（文春文庫、二〇〇八年）で回想する。たまには惣菜を買ってもいい、と言えるのは実家のやり方を見ていたからである。

おいしいものを食べて育ったカツ代は、台所仕事にまったく関心を持たず、二十一歳で薬学系研究者と恋愛結婚した初めての夜、乾燥わかめを大量に入れ、出汁も取らずにつくった味噌汁のまずさに仰天。以来、母や魚屋、八百屋などに聞きながら料理を覚えていく。

料理研究家になったのは、テレビ局への投稿がきっかけだった。ワイドショーがおもしろくなくなったので、料理のコーナーでも設けたらどうかと書いたところ、「あなたがやりませんか」と返され、当時住んでいた東京から大阪のスタジオへ通う生活が始まる。小林が受け持ったコーナーは、関西のさまざまな名店へ赴き、厨房を取材して料理を食べ、後日生放送のスタジオで再現するというものである。

やがて小林は、料理は「化学であり科学である」という持論を深めていく。時短料理を提案できたのは、料理のメカニズムを理解して省略できるプロセスを見抜き、実証する仮説と検証を重ねていたからである。小林の持論の正しさを証明したのが、一九九四年に出演した、料理のプロが、鉄人と呼ばれる一流料理人と対決する人気番組『料理の鉄人』（フジテレビ系）である。

## （3）カツ代レシピを解読する

### 代表作「肉じゃが」のつくり方

一九九四年八月二十六日、小林カツ代は料理研究家として初めて『料理の鉄人』に出演した。じゃがいも料理がテーマの回で、小林はじゃがいもとエビの炊き込みご飯、肉じゃがなどの七品をつくり、鉄人の陳建一に見事勝利、一躍時の人となった。

料理番組などでは有名だった小林も、男性で知る人は少なかった。しかし、格闘技の試合仕立ての『料理の鉄人』は、男性ファンが多い番組だった。二年後、小林は一人暮らしの男性向け料理本、『自給自足』（日本経済新聞社）を出版。教える対象が広がるきっかけになった番組かもしれない。

一番の成果は、常識破りの料理法でつくる肉じゃがが、小林の代表作になったことだ。

小林の肉じゃがのつくり方を『小林カツ代のおかず百科』（講談社、一九九九年）から拾ってみよう。

じゃがいもは大きめの一口大に切り、たまねぎは縦半分に切ってから一センチ幅に切る。

牛薄切り肉を食べやすい大きさに切る。

鍋にサラダ油を熱して、牛肉とたまねぎを炒め、肉の色が変わったら、肉をめがけて砂糖・みりん・醤油を次々に加えて強めの火で煮る。

肉にしっかり味がついたらじゃがいもを加え、水をひたひたになるまで注ぎ、ふたをして強めの中火で約十分間煮る。途中で一度ふたを開け、大きく混ぜる。じゃがいもが柔らかくなっていたら完成。


このつくり方が、どう常識を変えたのか。

プロセス写真を見ると、使っているのは浅鍋である。通常、肉じゃがなど煮ものは深めの鍋を使う。シチューやカレーを煮るような鍋だ。

強めの火で煮続けるところも違う。通常は中火または弱火でじっくりと煮含めることで、素材に味を浸透させる。

七品を一時間で仕上げる『料理の鉄人』で、じっくり味を染み込ませている余裕はない。ふだんから時短料理を提案している小林だからこそ、火の回りをよくする調理法を選び、短時間に煮ものを完成できた。ちなみに番組では浅鍋よりさらに火の回りが速い鉄のフライパンを使っている。

参考までに、第一章で登場した城戸崎愛の肉じゃがを『ＮＨＫきょうの料理　城戸崎愛の料理のきほんミニ事典』（ＮＨＫ出版、二〇〇三年）から紹介しておこう。城戸崎は、フランス料理は料理教室で学んでいるが、和食を教える教室には通っていない。そのつくり方には、家庭で覚えた昔ながらの煮ものがベースにあると考えてよいだろう。

じゃがいもは四つ割りにし、面取りして水にさらす。たまねぎはくし形切り、牛肉は三～四センチ長さに切る。

鍋に出汁、じゃがいも、たまねぎを入れて中火で五～六分煮る。砂糖を半量入れて四～五分煮る。

醬油を半量入れて五～六分煮る。牛肉を鍋に散らすようにして加え、アクを取りながら四～五分煮る。

残りの砂糖を入れて四～五分煮、醬油を入れて煮る。

じゃがいもが柔らかくなったら少し火を強め、鍋を揺すって水分を飛ばすようにして煮切る。

城戸崎の料理法だと、煮るだけで三十分はかかるだろう。対して小林のレシピは全部で十五分。この早さが強みなのだ。

『料理の鉄人』の制作者側は、「主婦の代表」とキャッチフレーズをつけたがったが、小林は断固拒否した。その理由を、『AERA』一九九六年十一月十八日号の「現代の肖像」で次のように語る。

「『主婦』ということで私のステイタスを上げようとしているのなら、主婦でない人にも主婦にも失礼ではないか。まして、この番組は、プロとプロの戦いだから面白いのであって、『鉄人』にも失礼じゃないですか」

料理研究家は主婦とは違う。家庭料理を教えるプロなのである。その家庭料理についても、積年の思いを語っている。

「家庭料理というのは、中華、フランス料理と並ぶものであって、上でもないし、下でもない、一つのジャンル、プロの技なんだということを語れたことが何よりも良かった」

## 驚きの手抜き術

小林の初仕事は、プロの厨房に入って料理の技を聞いて再現することだった。『料理の鉄人』は、厨房にテレビの取材が入るきっかけをつくったと言われるが、小林はその三十年前からすでにローカル局の取材で入っていた。最初にプロの現場を見たことが、自分は家庭料理というジャンルのプロだ、という自負を育てたのかもしれない。

そのマニフェストとも言える言葉が、出世作『小林カツ代のらくらくクッキング』のあとがきにある。

「家庭料理ほど大事な料理はないのではありませんか？　一人暮しであろうと、一〇人暮しであろうと同じこと。家庭料理というのは、うちで食べる料理。朝昼晩、毎日毎日食べる料理です」

だからこそ、「だれでもが作れて、肩ひじ張らないで楽しく作れて、そして失敗がないもの。そんな料理の本が欲しかった。よく、失敗を恐れるなといいますが、料理やお菓子は、失敗するとほんとにがっかりしてしまいます。夕食のおかずはこれっきりというときに、とても食べられたものじゃない料理が仕上がったら、どんなにか情けないと思います」と書き、「むつかしい料理も、凝った料理も、やさしく作ったっていいではありませんか」と続ける。

この考えの元にあるのは、新婚当時の大失敗である。まずい料理にショックを受けたのは、おいしいものしか食べたことがなかったからだ。しかし、台所仕事は手伝わず育ったため、初歩から覚えなければならなかった。小林のレシピが多くの人に愛されたのは、自身の体験を踏まえ、未経験の人でもつくれる方法を考案したからだろう。

同書は、当時論議を呼んだ。何しろそれまで当然とされていた手順を、ある意味無視した料理法がいくつも紹介されているのだ。本は、あえて挑戦的な構成になっている。レシピ本は、大きな料理写真に料理名が並び、レシピがつくのが基本だ。特徴を解説したリードが添えられることもある。わかりやすさが最優先。しかし、同書は説明を後のページに回して、週刊誌のようにセンセーショナルに料理を紹介する。

最初に登場するのは「チキンドカントフライ」。「これが簡単に見えますか?」というコーナーで、「オーブンがあってもなくてもお試しあれ」とキャッチコピーがつく。なんと中華鍋で三十分かけて揚げる料理なのである。「ローストチキンをつくりたい」と、オーブンを買うことが流行った時代背景を踏まえた挑戦である。

「ホワイトソースをスイスイ作る法ありき」と紹介されるのは「白身魚のボンファム」。ホワイトソースがかかったフランス料理の煮魚である。クリームシチューやグラタンなどに欠かせないこのソースのつくり方を覚えたがる主婦は多かった。通常はバターで小麦粉を炒め、牛乳を加えて溶きのばすが、焦げついたりダマになりやすい。

小林は、ソースを別にはつくらない。鍋に弱火で油とバターを熱し、みじん切りのたまねぎを炒めて小麦粉を加え、魚をさっと茹でた汁を少しずつ加えて泡立て器で溶きのばしたところへ、牛乳、ブイヨンを加える。魚を入れて煮えたら取り出し、生クリームとパセリを加えて完成。汁を加えながら火を通すことで、ダマになったり焦げるのを避けるわけだ。しかも失敗がないように泡立て器を使って。通常はへらを使う。

焦げつきがちなご飯を、具材を炒めた火を止めてから加えて混ぜる「あっというまのチキンライス」や、本来ならワンタンで包むはずの「中身を小さくまとめてポトンポトン。皮はそのままヒラヒラ」とスープに入れてしまう「わが道を行くワンタン」もある。

初心者でも料理を楽しく簡単に、という思いが伝わってくるレシピ集である。

常識破りの簡単レシピはその後も登場する。たとえば、皮を剝いてからオーブントースターなどで焼く「今どきの焼きなす」（『小林カツ代のやさしい和食』講談社、一九九五年）、薄切り肉を使い十五分でつくれる「ひらひらカレー」（『小林カツ代のおかず百科』）などだ。

彼女が挑んだ常識は、料理メディアが主婦の教科書になった高度成長期に定着したものだ。明治生まれの江上トミや飯田深雪が現役で、大正生まれの城戸崎愛や入江麻木が活躍したころ。先行世代は、西洋から輸入した料理を翻訳して紹介した。しかし、昭和生まれの小林は、本格的な西洋料理も和食も食べて育った。文化的な蓄積があるからこそ、新しい発想を持ち込むことができたし、それゆえに批判もされたのである。

## それはカツ代から始まった

小林カツ代が考案した家庭料理の技は多い。

代表的なのは、少なめの油を使う揚げもの類。揚げものは、食用油が安くなった昭和初期に都会の中流家庭で流行り、戦中戦後を挟んで、家庭に換気扇が導入された高度成長期に全盛期を迎えた。

昭和の定番料理だったてんぷらやフライ、から揚げは、鍋に油をたっぷり入れて調理した。しかし、小林は半量程度の少ない油で揚げることを提案する。しかも、材料ごとに順に揚げるのではなく、一度に隙間なく入れる。すると、具材の体積が加わるうえ大きく泡立つため、油の表面が高くなる。

『料理の鉄人』で行った、鍋でなくフライパンで煮ものをつくる料理は、放送の翌年、一九九五年に『小林カツ代のフライパン1つあれば！』（雄鶏社）で紹介されている。

フライパン一つの料理法はその後、一人暮らしがふえた時代を背景に二〇〇〇年代半ばごろから流行っている。

青菜の炒め方も変えた。『小林カツ代のらくらくクッキング』では、「青菜のいため物というと、まず青菜をゆでてからという人が多いけど、これ、ゆでる手間を省いてじかにいためても平気なんです。えぐっぽさが残るんじゃ？　なんて心配はご無用」と紹介している。ほうれん草も昔はアクが強かったが、今は生で食べられるほど、アクが少ない品種が開発されている。食材の質は時代によって変わる。同時代の食材に合わせた調理法を伝えるのも、料理研究家の大事な仕事だ。

何より、時短料理の概念を変えた。それまでは、材料を替えたり、献立全体の段取りを工夫する程度だったり、「早いけど味は……」という評価を下されがちなものだった。

しかし小林は、簡単で、早いけどおいしい、という料理を定着させた。『～らくらくクッキング』のマニフェストをちゃんと実行しているのである。

その後、小林に続くかのように、時短料理を看板にする料理研究家が何人も登場している。手軽な料理を紹介する『オレンジページ』（オレンジページ）の創刊時の料理部門チーフで、『100文字レシピ』（オレンジページ、二〇〇〇年）を出し、ヒットさせた川津幸子。

二〇〇二年に、バラエティ番組『TVチャンピオン』（テレビ東京系）の「3分料理人選手権」で優勝した奥薗壽子。揚げずにつくる「いきなり焼き春巻き」、一つの鍋でメインの肉料理もつけ合わせも一緒につくる「棒棒鶏　中華丼　もやしの中華サラダ」などを紹介している。

二〇〇八年にベストセラー『おつまみ横丁』（池田書店）を出した後、料理のベテランだからこそ思いつく、簡単レシピを次々とヒットさせる瀬尾幸子。

一人暮らしの男女から子育て世代まで、技術がなくてもできる料理術を、今や好みのテイストの料理研究家から学ぶことができる。それは、新しさゆえの批判も受けながらも、時短料理を提案し続けたパイオニア、小林カツ代がいたからである。

小林カツ代のビーフシチュー

小林カツ代の手にかかるとビーフシチューはどのようになるだろうか。『決定版　小林カツ代の基本のおかず』（主婦の友社、二〇〇二年）から紹介する。

牛かたまり肉に塩・こしょうをすり込む。フライパンにバターを溶かし、強火で、途中出てくる脂をペーパータオルで拭き取りながら焼き、濃い焼き色をつける。

深鍋に水、赤ワイン、ローリエ、塩・こしょうを入れて火にかけ、先の肉を入れる。煮立ったら弱火にし、ふたを少しずらして約二時間煮込む。

その間にじゃがいも、たまねぎ、にんじんを切って、マッシュルームとともにバターとサラダ油を熱したフライパンに入れて強火で炒める。

深鍋から牛肉を取り出し、炒めた野菜を入れて煮込む。じゃがいもやにんじんに竹串が通るようになったら、缶詰のドミグラスソースを加える。

牛肉を切って鍋に戻し、さらに十分煮込む。

絹さやを色よく茹でて鍋に加えたらできあがり。

さすがは小林カツ代である。第一章で紹介した料理研究家たちが、苦心してつくり方を紹介したドミグラスソースを、一言の言い訳もなく、市販の缶詰で済ませてしまうのである。今でもそうだが、料理研究家の多くは加工食品を使わない。味の決め手になるドレッシングや、たれもつゆも手づくりする。カレーもルウではなくカレー粉やスパイスを使う。市販品を使う場合は、手を抜く言い訳をする。すべてを手づくりしなければならない、という神話でもあるかのように。

しかし、小林カツ代は、手を抜きたい主婦の現実を見越したかのように、特に洋風の料理は、あっさりと市販品に手を出す。カレールウを使うカレーライスのレシピもある。トマトケチャップやトマトジュースは、小林のトマト味料理の定番材料である。

小林と同世代の主婦の台所には、トマトケチャップとウスターソースが常備されている。彼女たちが台所に立ち始めた高度成長期、イタリアントマトはスーパーになかった。トマト缶もポピュラーではなかった。もちろんスパイスは、なじみがない。洋食自体が新しかった。彼女たちの相棒が、トマトケチャップやウスターソースである。

その後、バブル期にイタリア料理が流行ってトマト缶が定着し、後を追いかけるようにナンで食べるインド料理のカレーが定着し、スパイスの存在が知られるようになっていくが、小林は二〇〇二年に発表したこのレシピでも、それらは使っていない。『きょうの料理』でも、二〇〇三年八月六日の放送で「山ほどなすカレー」を紹介する際、「ウスターソースはなぜ入れるかっていうと、ウスターソースはいろんなスパイスがいっぱい入ってるの」と語りかける。スパイスを使いこなせない視聴者の事情を理解しているのだ。

誰にでもつくれる料理という信念が、あえて市販品を使うレシピに生きていた。

## 大阪人の本格派

小林は何でも省略し、簡単にしたわけではない。手をかけるべきところは押さえ、その理由をていねいに説明している。特にこだわったのは、出汁を取ることだ。

出汁文化が豊かな大阪で育った小林は、そうめんや吸いもの、うどんなどに欠かせない出汁のおいしさをよく知っていた。同時に、「難しい」と敬遠されがちなことも。『決定版　小林カツ代の基本のおかず』では、「きちんととりたいだしの話」というページを設けて、「削り節だし」「煮干しだし」「こぶと削り節だし」のつくり方をプロセス写真つきで紹介している。リードで次のように書く。

「私の料理では、だしをとるのは基本の基本。市販の顆粒だしや化学調味料では深みのある味がなかなか出せません。忙しいから、面倒だから、と敬遠してる人もいるけど、だしをとるのって実は簡単！　家庭料理ですもの、料亭と同じに考えなくてもいいの。このページのようにとると、簡単だけどこくのあるいい味が出せます」

そこで紹介される「こぶと削り節だし」のつくり方は次のとおり。

昆布は表面をざっと水で洗い、水に三十分以上漬けておく。
鍋に移して中火にかけ、フツフツしてきたら削り節を入れる。
弱火にして一分ほど煮てざるで漉し、箸でぎゅっと絞る。

『小林カツ代のおかず百科』でも「私はこれこそ、昔の人が考えたインスタント食品だと思うの」と、桐島洋子と同じことを書く。そして、「料理の本にはよく『煮出さずにとる上品な一番出し、煮出してとる二番出し』などと書かれていますが、カツ代流には一番も二番もないのです。昆布も削り節もギュ～ッと煮出して、風味いっぱいの濃い出しをとります。家庭料理では、このほうが絶対においしい」と持論を展開する。

家庭料理は一つのジャンルだと言い切る信念が表れている。それを支えていたのが、小林が生まれ育った大阪の食文化であり、出汁を取るときに、かつお節を絞っていた母親の姿だった。

レシピを調べていると、小林カツ代はスープにこだわりを持つことがわかる。その理由は、『小林カツ代のおかず百科』のスープレシピの最後にあるコラムに書いてあった。「ちゃんと作った本格スープはとってもおいしいし、飲むとなんだか疲れもとれて、元気になるから不思議。わが家では、かぜのひきはじめや体の具合がちょっとおかしいな、というときの〝特効薬〟です」

手に入りにくい鶏ガラのスープのつくり方も紹介されているが、真似しやすいスープのつくり方もちゃんと載っている。「コンソメスープ&コールドビーフ」がそれだ。

牛かたまり肉をさっと茹でる。鍋にセロリの葉、にんじんのしっぽなどの残り野菜とローリエ、水を入れて火にかけ、肉を加えてスープをつくる。二時間ぐらいかけて煮出したスープをコンソメスープとして使い、かたまり肉は、醬油などでつくったたれに漬け込んで、コールドビーフとして食べるのだ。出汁と料理が無駄なく完成する。さすが、出汁を取った後の昆布を佃煮にする大阪で育っただけのことはある。

大阪人の合理精神は、わかりやすく伝えようとする場面でも発揮される。よく野菜は繊維に沿って、あるいは繊維を断ち切るように切る、と料理の本には出ている。意識すればよいのはわかっても、素人である読み手は、繊維の方向を忘れてしまいがちだ。小林は、大根を使った二通りのサラダでそれを伝える。

『決定版　小林カツ代の基本のおかず』には、見開きで二つのレシピが掲載されている。一つ目は「しんなり大根サラダ」。輪切りにして端からせん切りすることで、繊維を断ち切り、味がしみ込みやすいサラダになる。二つ目は「パリパリ大根サラダ」で、繊維に沿って六〜七センチ長さに切ってから縦にせん切りし、シャキシャキした食感を活かしたサラダにする。同じせん切りでも、横に切るか、縦に切るかで、まるで違う食感になることが写真からも伝わるし、つくった人にはもっとよくわかるだろう。

その小林がこだわるのが、鉄のフライパンだ。同書では一ページのコラムを設け、「これなくしては、私の料理はありません」と見出しで言い切る。理由は五つ。「強火が得意」「料理をランクアップさせる」「体にいい」「長く使える」「手入れが簡単」。もちろん、樹脂加工のフライパンと比べた利点だ。樹脂加工のフライパンはおよそ四十年前に登場。手入れが簡単で、焦げつきにくいなどの特長を謳って普及した。

普及していることを前提に、料理研究家たちは妥協しつつ樹脂加工のフライパンをテレビで使ってきた。小林は可能な限り鉄のフライパンを使い続けた。数千円の出費で「一生ものと言ってもいいぐらい」長く使えるからだ。

ステーキなどの肉料理に活躍し、余分な脂を落としてパリパリの仕上がりにする。「使ったあとにすぐにお湯で洗えば、洗剤がいらないほどよく落ちます。たわしでごしごしやっても平気」なので、実は手入れも簡単なのだと訴える。

私自身、料理がしやすく手入れが簡単、と周りからすすめられて、樹脂加工のフライパンを使っていたことがあるが、炒めものでは野菜から水分がベチョベチョ出てくる。宣伝文句とは裏腹に、しばらく使うと汚れがこびりつきやすくなり、洗ううちに樹脂が剝げて二〜三年で捨てる、というくり返しだった。今は鉄のフライパンを使っている。

こうして見ていくと、小林は料理の本質を見つめ、くり返し試して導き出した理論に基づき、わかりやすいレシピを提案してきたことがわかる。時短レシピも、あえてかけるひと手間も、大阪人の合理精神に基づいた実用的な理論なのである。

## （4）息子、ケンタロウの登場

### カツ代とケンタロウ

『女性セブン』二〇一四年二月二十日号の追悼特集によると、小林は倒れる数年前に離婚していたようだ。それにしても、料理研究家の離婚は多い。売れっ子になる代償として、仕方ないことなのだろうか。それとも、家族に向けられていた愛情やつくられた料理が、他人に向かう不満が夫の中で大きくなるのだろうか。

家庭料理はもともと家族と日々をわかち合う中にある。より多くの家族を幸せにしよう、とその技術を公開することで足元の生活が揺らぐとすれば、皮肉な仕事だ。真相は外部の人間にはわからない。少なくとも小林の場合、家族へ向けた愛情と料理研究家としての姿勢は、息子にはしっかり伝わっていた。

息子の小林健太郎は、一九七二（昭和四十七）年生まれ、一歳上の姉がいる。二歳になる前から料理に関心を示し、中学生のころには、母が家にいないときは台所に立ってきた。大学を中退しイラストレーターとなったが、伸び悩んでいたときに母親の仕事ぶりを垣間見、料理研究家になった。

当初は小林ケンタロウを名乗っていたが、「カツ代秘伝」「カツ代さんも納得」など、あまりにも母の名前が強調されるので、ケンタロウとタレント名を変えた。かといって、息子であることを隠すわけではなく、折にふれて「カツ代は」と愛情を込めて語り、影響もこだわりなく披露する。その真っ直ぐな性格もよかったのだろう。すぐに人気となる。十数年の仕事で出した本は七十四冊にものぼる。

残念ながら二〇一二年、首都高速道路からバイクで六メートルも下の地面に転落するという大事故を起こし、高次脳機能障害を負ってしまった。

しかし、ケンタロウが家庭料理や料理メディアの世界に残した功績は大きい。そして、彼の特徴を知ることで、より小林カツ代の魅力がよくわかる。この節では、ケンタロウの活躍を振り返っていきたい。

## 息子の濃い味

ケンタロウがまず期待されたのは、カツ代レシピの後継者であることだ。母親から受け継いだレシピとしては、肉じゃが、混ぜるだけのチャーハン、出汁を取った後のかつお節をギュッと絞るやり方などがある。

母の発想をより発展させた提案もある。それが一番よくわかるレシピ本が、親子共作の『カツ代流しあわせごはん　ケンタロウ流ウマイめし』（講談社、二〇〇〇年）だ。それぞれが共通するテーマでつくった料理を、見開きで紹介する構成になっている。

カツ代がホワイトソースを使った「マカロニグラタン」を紹介した見開きで、ケンタロウは、ミートソース缶を利用した「ポテトサモサ」を披露する。ときには母と同じように缶詰も使う。このレシピは、インド料理レストランが、日常使いになった時代ならではの発想だ。

カツ代が「元祖炒めぬチャーハン」を紹介すれば、ケンタロウは「帆立て焼き飯」を紹介する。炒めたチャーハンをフライパンに押しつけ、焼き固めてお焦げをつくる。二〇〇〇年代前半、中華のお焦げ料理が人気となり、お焦げを加えるレトルト食品などが売り出された。

二人を対比することで、もう一つ明らかになるのは、ケンタロウの味つけの濃さだ。

たとえばハンバーグのソースは、カツ代が水、トマトケチャップ、ウスターソース、酒、醤油を使う和風味で、ケンタロウのレシピは、水、トマトケチャップ、ウスターソースにバターと赤ワインが加わることで、洋風度が高くなり、濃厚な味になる。

魚の煮つけを対比したページでは、カツ代が酒、醤油、みりん、砂糖で味つけし、水を加えた「金目鯛の煮つけ」を紹介すれば、ケンタロウは水を加えない、その名もブリの「こってりあら煮」を紹介する。

ケンタロウはオイスターソースやクリームなどをけっこう使う。男性らしいガツンと濃い味、強い味は、ケンタロウの売りだ。

一九九八年に出した『ドーンと元気弁当』（文化出版局）では、「この本は食べ手の側からの本である。こんなものが食べたい、食べたかった、が、ぎっしりの、弁当を実際食べる世代の目線に限りなく近い本である」とまえがきにある。弁当本のベストセラーを出した母の弁当を実際に食べてきた息子の回答であり、もとは食べる役割だった男性目線を打ち出す宣言とも言える。

料理研究家は、昔から大半が女性だ。ニーズが高まるのは戦後、特に高度成長期以降である。台所が変わり食材が豊かになった時代に、それらを使いこなす知恵を、主婦たちは料理研究家に求めた。料理好きが高じて主婦から料理研究家になった人たちは、「家族のため」のレパートリーをたくさん持っていた。料理の知恵を交換しあう主婦ネットワークが拡大し専門の職業になった、という側面が女性の料理研究家にはある。「誰でも料理ができるようになってほしい」と願った小林カツ代も、読者・視聴者が求める役割からは逃れることができなかった。『料理の鉄人』で、主婦代表にされかけたのは、その典型である。

しかし、ケンタロウは男性である。デビューしたころは二十代で若く、お父さんの料理という雰囲気でもなかった。社会に、男性が日常的に台所に立つイメージもなかった。昔、「私つくる人、僕食べる人」と謳ったCMが社会問題になったが、内心「『僕』は食べる人」というイメージを多くの人が持ち続けてきた。だから、食べる人という立ち位置が、特に初期のころ、ケンタロウに求められたのではないだろうか。

## 二代目の自由

料理研究家として二代目だったことも、彼を女性同業者より自由にした。初代はゼロから築かなければならない。しかし、二代目、三代目になると、先代が築いた基礎のうえで、新しい発想を打ち出せるようになる。

それは例えば、「キャベツと明太子の焼きうどん」(二〇〇〇年)だったり、醤油、酒などで味をつけ赤唐辛子を入れる「たことししとうの辛みいため」（二〇〇三年）である。「切り干し大根のサラダ」（二〇〇三年）や「帆立と豆腐と岩のりの豆乳煮込み」（二〇〇四年）もある。

昭和の味がベースにあるせいか、味が想像できる安心感がある。和食をベースにした母と同じく、読者が大きく冒険しなくて済む範囲で新しい提案をする。そのせいか、定番になった料理が多い。

ともあれ、ケンタロウは母より自由である。それは、ビーフシチューを母のレシピと比べたときによくわかる。

『うれしい煮もの』（文化出版局、二〇〇四年）に載ったものを紹介しよう。

シチュー用の肉を大きめに切る。セロリはピーラーで皮を剝き、葉も一緒に適当な大きさに切る。

鍋を熱してサラダ油を引き、強火で肉に焼き目をつける。水を入れ、セロリ、ローリエを加える。沸騰してから弱火にし、アクを取りながら二時間ほど煮る。

ブラウンソースをつくる。フライパンにバターとサラダ油を入れて弱火にかけ、溶けたら薄力粉を振り入れる。よく混ぜ、なじんだら中火にして茶褐色になるまで炒める。煮込み中のスープの一部を加えてよく溶き混ぜる。

鍋の肉が柔らかくなったら取り出し、ソースを入れ、赤ワイン、トマトピュレを加えて混ぜ、弱火で三十分ほどとろみがつくまで煮詰める。塩・こしょう、砂糖で味を調える。

マッシュルームを切って炒め、鍋に加える。牛肉を戻して十分ほど煮る。

このビーフシチューは手間がかかる。ブラウンソースはドミグラスソースを煮詰める前の段階のソースだが、茶色くなるまでは時間がかかる。多少手間を省いてはいるが、少なくとも缶詰を使った母とは違って、すべてを手づくりしている。

カツ代は、このようなシチューをつくりたかったのではないか。鶏ガラスープや、牛肉を煮込んでコンソメスープをつくる人だった。手づくりのおいしさも知っていたはずだ。しかし、現実には手をかけた料理をあまりメディアで求められなかった。小林が、手をかけるべきところで、ていねいに理由を説明していたことを思い出して欲しい。

料理研究家が手づくりにこだわるのは、安心・安全のためだけではない。彼女・彼たちは、料理が好きでこの仕事を選んでいる。むしろ手間を楽しむ人もいるだろう。また、手づくりのものは食べてホッとする。おいしいのだ。

ともあれ、ケンタロウは、手間を惜しむ方向へ加速していた家庭料理の世界に風穴を開けた。世間の「男の料理」に対する先入観も幸いした。

親子二代がそれぞれ新しい発想を打ち出せたのは、両者が料理の本質をまっすぐに見つめ、合理的に考えるからだ。ケンタロウは、二代目ならではの、母から一歩踏み込んだ「なるほど」と思える言葉をいくつも残している。

『ドーンと元気弁当』では、まえがきで弁当は一回分の食事だと断ったうえで、がんばり過ぎなくていい、というメッセージを伝える。

「だからって、そこですべてのビタミンやミネラルや良質なたんぱく質や繊維や炭水化物が、最高のバランスで補給されて、作り手の愛情が全面的に表わされて、見た目にも華やか、かつ遊び心もたっぷり、なんて必要はないと思う」

「プレッシャーや見栄からは解放されて、手間なんかかけなくても、〝大事に〟作ってほしい」

『決定版　ケンタロウ絶品！おかず』（主婦の友社、二〇〇三年）に載った、本人が一番好きなから揚げのコツは次の通り。

「鶏肉は一見ものすごく扱いやすそうなやさしい素材に見えるけれど、実は肉の中で最もと言っていいぐらい火の通りが悪いのだ。やさしい外見に惑わされると、外はいい色、中は生、というイタイ目にあう」

鶏肉をキャラクターに見立てて解説している。コンピュータゲーム世代が大人になったこの時期、若い世代にふえた言い回しだ。

洋風も和風も、いっさい出汁を取らない『うれしい煮もの』には、フライパンでつくる煮ものが紹介されている。見開きで「きんめとかぶの油煮」が入ったフライパンの写真を裁ち落としで載せ、「煮魚はフライパンで」と大見出しがつく。そのリードの言葉。「煮魚はフライパン。僕は別にアナーキーを気取るつもりはありません。が、雪平鍋は持っていません。フライパンで煮ると煮くずれることもないし、熱の回りも早いし、いいことずくめなのです」

この言葉から、本が出た二〇〇四年当時には、和食をフライパンでつくることがまだ一般的でなかったことがわかる。前述したように、カツ代も一九九五年に『小林カツ代のフライパン1つあれば！』を出しているが、洋食・中華が多く、和風の煮もの類はそれほど目立たない。おそらく小林家では定着していたフライパン煮ものを、世の人たちにはっきりと伝えたのが、ケンタロウだった。以降、フライパン煮ものは次第に広がり定着していく。一代目が伝えきれなかった合理的調理法を、二代目が引き継ぎ効果的に紹介する。

煮ものは難しいと敬遠する読者に、ケンタロウの「若い男性」というプロフィールが効く。料理研究家がポピュラーな存在になって約半世紀。偉い女性の先生の言うことは、正論でも、お母さんの繰り言のごとく読者にスルーされる状態に陥ってきていた。

あくまで気さくに、お兄ちゃんが妹に教えるかのごとく、あるいはハリウッド映画で主人公をつらい現状から救い出す新しい恋人のように、ケンタロウは教える。料理は難しくないし、つくってみると楽しいし、案外上手にできるし、しかもおいしい。食べてみなよ、自分でつくった料理を。味わってみなよ、自分の隠された能力を。優しく温かく、若い女性たちを料理下手の世界から救い出す。母とは違うアプローチで、母がやろうとしたことをしっかり引き継いでいたのである。

## 料理再現コラム②

### 小林カツ代の「栗ご飯」

世代なのだろうが、小林カツ代のレシピは、知らぬ間に生活に入り込んでいた。トマトジュースを入れてスープをつくる。具材をバターで炒めながら小麦粉を加え、牛乳を注いで混ぜて煮溶かし、ホワイトソースにする。若いころに口コミで回ってきた、料理の手順を簡単にし、手軽な材料でおいしくするコツ。レシピ本をたくさん読んで、それが元は小林カツ代のアイデアであったことを改めて知った。

時短レシピの威力を知るために選んだのは、栗ご飯である。秋の風物詩、栗を食べたい気持ちはあるが、皮剝きに二時間以上かかって、料理時間が四時間という情けない体験があるので、長らく敬遠していた。その料理に、あえて小林レシピで挑む。参考にしたのは『小林カツ代のおかず百科』の「栗ご飯」である。

生の栗を水から茹で、沸騰したら四分煮立たせる。火からおろし、水を加えて粗熱を取り、底の部分から包丁を入れて縦に剝く。やっぱり、実を少々えぐって渋皮をこそげながら剝かないといけないものが多い。しかし、中には渋皮が浮き上がっている栗がある。これはもしかして、と思いあらためて別の日に再挑戦した。十分間煮立たせてみると、見事に渋皮が浮き上がって、天津甘栗みたいにきれいに剝ける。皮剝き時間は約四十分。すばらしい。

三カップ分のコメのうち一カップをもち米にする、というレシピに従って栗十二個が入ったご飯を炊く。もち米が栗に絡みつき、絶妙なハーモニーを醸し出す。少し甘くてもっちりした、これは確かに大阪の味だ。

# 第三章　カリスマの栗原はるみ

## （1）平成共働き世代

### 仕事か結婚か

本章では一九九〇年代に「カリスマ主婦」と脚光を浴び、一躍人気者となった栗原はるみについて分析する。時代は平成に移り、料理研究家に求められる資質は変化した。独創性がより必要になると同時に、ライフスタイルも演出して見せる必要が出てきたのである。それは特に女性の料理研究家に求められた。

時代の要請に、最も的確に応えたのが栗原はるみである。そのような変化が起きた理由は、女性が置かれた状況を知ることによってわかる。

栗原はるみ（提供・時事通信フォト）

一九九〇年代、女性の環境は大きく変わり始めていた。きっかけは、一九八六年に男女雇用機会均等法と労働者派遣法が施行されたこと、そしてバブル経済が崩壊したことである。

一九八〇年代まで、女性社員は結婚までの腰掛け扱いという企業が主流だった。高校や短大を出て就職し、事務職として働く間に結婚相手を見つけ、寿退社。結婚適齢期は二十四歳ごろまでで、クリスマスを過ぎると売れなくなるクリスマスケーキにたとえられた。その後は子育てが一段落した三十五歳ぐらいからパートに出て家計を補助する。もちろん例外はあるが、主婦業を中心に生きる女性が一般的だった。

均等法施行は、「トウが立っていて生意気」と敬遠されてきた四年制大学卒業者に、総合職として就職する道を開いた。しかし、企業は彼女たちをどう扱ったらいいかわからず、活用をアピールするために広報などの目立つ部署に置いてみたり、営業職として採用しながら、工場・売り場などの現場研修をさせなかったりした。経験の少ない彼女たちが、女性というだけでパワーを発揮できるはずもなく、能力不足を感じた多くが辞めていった。職場に理解があった女性、続ける覚悟のあった女性だけが残った。

事務職の女性は、不況で勤続年数が延び始めた。結婚年齢が上がったこともあるが、結婚しても辞めない女性がふえたのである。企業は、人件費の負担を考え、彼女たちに難易度が高いがやりがいのある仕事を任せたり、昇進の道を開いたりするようになった。

一方で、人件費をへらすために派遣労働者に切り替える企業も出てきた。

結婚が、退職の理由にならなくなった時代に残ったハードルが出産だった。一九九二年には育児休業法が施行され、一年間の育児休業制度が設けられた企業は多かったが、実際に活用して現場に復帰する女性は少なかった。急に熱を出すなどトラブルの多い子どもの乳幼児期、行事ごとその他さまざまな理由で親が学校に呼ばれる学童期など、日中を拘束される仕事との両立は難しかったからである。それ以前に、幼児期に子どもを預けられる保育園の数が圧倒的に足りなかった。

いくつものハードルを乗り越え管理職まで上り詰めた女性は、近くに母親が住んで、子育てをサポートしてもらえる人がほとんどだった。もしくは昔と変わらず結婚または出産をしなかった女性である。

女性の働き方が変わったことは、労働力調査で共働き世帯が片働き世帯を一九九二年に上回り、一九九七年以降は共働き世帯が多数派を占めるようになったことからわかる。しかし、正社員とは限らない。

国立社会保障・人口問題研究所の「第14回出生動向基本調査」によれば、一九八五〜八九年には三十七・四パーセントだった初婚の妻の出産退職が、二〇〇五〜〇九年には四十三・九パーセントと、むしろふえている。

一方で、雇用者のうちパートや派遣などの非正規雇用で働く女性は、一九九〇年の三十八・一パーセントから、二〇一〇年の五十三・八パーセントと大幅にふえている（総務省・労働力調査）。つまり、出産でいったん退職し、再び働くときには非正規の仕事に就くという点では、パートがふつうだった一九八〇年代までと変わっていない。

変わったのは、結婚や出産が難しくなったことだ。女性の初婚年齢は一九九〇年に二十五・九歳だったが、二〇〇〇年に二十七・〇歳、二〇一一年に二十九・〇歳と上がり続けている。第一子出産時の母の年齢は一九八五年には二十六・七歳だったが、二〇一一年には三〇・一歳である。そして、女性が生涯に産む子どもの数を示す合計特殊出生率は、一九八五年が一・七六、二〇一一年で一・三九である（厚生労働省・人口動態調査）。長引く不況に加え、女性にとって、結婚や育児が仕事と両立しがたいことが大きく影響している。

平成になり、女性はより長い期間働くようになった一方で、結婚や出産から遠のいた。一九七〇～八〇年代の女性が求めた結婚や育児以外の人生を、一九九〇年代以降の女性は確かに手に入れた。しかし、それは求めていたより厳しい道だった。

## 女性たちの自分探し

長年キャリアビジネスに携わってきた海老原嗣生は、『女子のキャリア』（ちくまプリマー新書、二〇一二年）で、企業が女性総合職の活用に本格的に乗り出すのは、一九九〇年代終盤以降だと述べる。均等法第一世代のキャリア形成に失敗し、一九九〇年代は不況で採用を控えたからである。

均等法第一世代の事務職のOLたちは、「総合職のような苦労は背負いたくない」と考える一方で、経験を積んだ実感を得られないことに悩んでいた。

総合商社で働いていた一九九四年入社の私の友人は、三年目の冬、「会社を辞めてイギリスに留学することにしました」と、晴れやかな笑顔で言った。「何をしに？」と聞くと「まずは語学を学んで、それから考えます」と答える。その話を同じ会社で結婚退職した友人宅ですると、職場結婚した彼女の夫がこう言った。「多いんだよな、うちの会社。そういう辞め方をする子が」。

その会社だけではなかった。私は二〇〇〇年代初頭、二十～三十代の女性たちに取材をしていた。その中で、OLを辞めて北海道のペンションで働き、その後は派遣で職場を転々とする人がいた。北海道に行った理由は「自分と違うことをしている人と会うことで、自分が成長する気がした」からと言う。マーケティング会社で働いていた女性は、業務についていけないと退職。三十歳でパティシエをめざした。証券会社で会社の論理につき合いきれなくなった、と退職した女性はフリーライターになった。

『ＡＥＲＡ』は、一九九八年十一月十六日号で、「あてもなく職棄てる女達」と題した記事を掲載している。リードに「スチュワーデス、キャスター、旅行代理店総合職。周囲の憧れの仕事を、ある日突然辞めてしまう。燃え尽きた訳でも、嫌になった訳でもない。でも、心の空虚感はどうしても埋められなかった」とある。

一九八〇年代まで、会社員の女性のコースは基本的に二者択一だった。子どもを産まずにキャリアを積むか、結婚して子育て中心の生活を送るか。二〇〇〇年代になると、女性の生き方は多様化している。しかし、変化の途上にあった一九九〇年代は、キャリアでも結婚でもない生き方が見えなかった。職場に女性の先輩が少なく、三年目、五年目などの曲がり角でつまずき、あてもなく辞める女性が少なくなかったのである。

収入源を手放す女性がふえた背景には、転職へのハードルが低くなってきたことがある。一九八九年には転職情報誌『ＤＯＤＡ』が、一九九〇年には資格取得や起業で成功する夢を描く情報誌『ケイコとマナブ』が創刊している。微妙な形で性差別を受ける総合職女性は、技術で勝負できる専門職の可能性に期待した。その選択はある意味で、続けるために教職や医療関係などの専門職を選んだ高度成長期までの女性と変わらない。女性に手に職がなければ生き残れない状態は、もう百年も続いている。

## 専業主婦は幸せか

従来通り結婚生活に入った主婦たちも、幸せとは限らなかった。『AERA』はこの時期、「専業主婦の絶望」など、給料といった目に見える手応えを得られない主婦生活の孤独もくり返し取り上げている。私が当時取材した主婦たちも、主婦業の虚しさやノイローゼになりかけの子育てのつらさを訴える人が少なくなかった。「大人と久しぶりにしゃべった」と喜んだ女性は、一歳児を抱える専業主婦だった。

この時期、若い主婦たちに支持された雑誌『すてきな奥さん』（主婦と生活社）は、家事の効率化を謳った特集をよく組んでいる。一九九三年の特集を拾ってみよう。

一月号では「5日分のメインの材料を決めるだけで、毎日の献立作りがラクになる！」と一週間の「ラクな」献立を描いてみせる。三月号は、「買いおきの常備品で能率アップ料理術」として、ポテトコロッケやぎょうざ、ハンバーグなどの冷凍食品をわざわざ再加工する料理を紹介する。六月号では、「食費がかさむ原因は冷蔵庫の中にあった！」と、冷蔵庫の整理を訴える。

まるで、職場で業務の効率化に取り組むかのように、主婦雑誌が家庭経営見直しを迫っている。しかし、本当に効率化できる内容とは言いがたい。

七月号では、「早仕上げ料理術で〝アッ〟というまのごちそうメニュー」を訴えるが、その内容は朝や前日に時間をかけて下ごしらえした材料を、夕食どきに短時間で仕上げるだけのもので、小林カツ代の時短料理からはほど遠い。知恵はなくても気分だけはラクになりたい。なぜそこまでラクになりたいのか。そのヒントが、同じ号の大特集「私が見つけた〝私の仕事〟好きな時間を選んで働き始めた私たち」というテーマにある。「すてきな奥さん」たちの願いは、面倒で給料ももらえない家事や育児にかまけるより、自分が輝く仕事を見つけること。その時間を捻出するために効率化を模索するのである。人生の主役で居続けるために、友達とランチやショッピングに出かけ、資格取得のための教室に通い、やりがいのある仕事を見つけて、家庭と両立させる。夢を具現化した先輩女性たちが、同時代に注目を集め始めていた。料理研究家である。

## （2）はるみレシピの魅力

### カリスマ主婦の誕生

女性誌の創刊は、女性たちの新しい時代の始まりを告げる。

『anan』、『nonno』、『ＪＪ』（光文社）などファッション誌の創刊が続いた一九七〇年代は、女性に青春を謳歌する余裕が生まれたことを表していた。

一九八〇年代は、転職情報誌の『とらばーゆ』（リクルート）、主婦向けライフスタイル誌『ＬＥＥ』、生活情報誌の『オレンジページ』、グルメ、ショッピングなどの情報誌『Hanako』、ビジネス雑誌の『日経ＷＯＭＡＮ』（日経ホーム出版社）などジャンルが異なる女性誌が創刊され、多様化の時代を予感させた。

一九九〇年代は、再びファッション誌の時代である。『ＶＥＲＹ』（光文社）、『Domani』（小学館）などの三十代向け雑誌が次々と成功し、二〇〇〇年代に入ると、『ＳＴＯＲＹ』（光文社）、『Precious』（小学館）などの四十代向けファッション誌創刊へとつながる。女性が中年になっても主婦になっても、主役を生きる時代を予感させていた。

『ＶＥＲＹ』創刊号の表紙を飾った黒田知永子、その後を引き継いだ三浦りさ子は、雑誌で自分の生活を垣間見せてファン層を拡大した。主婦になっても、母親になっても、自分自身であることを忘れない姿がかっこいい、とファンがつく。一九七〇年代のファッション誌はカタログ情報だけでよかったが、大人も相手にするようになった一九九〇年代は、特定のモデルの人生という物語性が必要になったのである。

『クロワッサン』が一九七〇年代の終わりに求めた、「主婦である以前に自分自身であること」は二十年後には当たり前を超えて強迫観念になっていた。『すてきな奥さん』は、自分自身であろうとする女性と、より良き主婦をめざす気持ちの葛藤が誌面に表れていた。しかし、「ＶＥＲＹ」な主婦は生活の苦労を見せてはいけないのである。現実には存在する家事とどう折り合いをつければいいのか。女性たちがその回答を見た対象が、料理研究家だった。

『ＡＥＲＡ』一九九七年五月二十六日号には、「すてきな暮らしレシピの神々　専業主婦の『夢』演じる教祖たち」と題する記事がある。出てくる料理研究家は、栗原はるみ、加藤千恵、山本麗子、藤野真紀子である。このうち、栗原はるみ、山本麗子、藤野真紀子は一九九九年一月、NHK衛星第二放送でも『初めはフツーの主婦でした――料理研究家の幸福のレシピ――』という番組で取り上げられる。

彼女たちは「カリスマ主婦」と呼ばれた。料理研究家である前に、理想の主婦として脚光を浴びたのである。カリスマはこのころの流行語で、連続ドラマで注目された「カリスマ美容師」をはじめ、その世界で最も輝いている一流のプロを指す。つまり彼女たちは主婦として一流だったわけである。

藤野真紀子は、キャリア官僚を経て参議院議員になった男性の妻で、押し出しが強い美人。少女時代から、入江麻木、城戸崎愛らのレシピでお菓子をつくり、夫の赴任に伴って行ったニューヨーク、パリでお菓子や料理を学んだ。デビューは入江らの本を出した鎌倉書房である。しかし、仕事に打ち込むあまり家族との生活が疎かになり、二〇〇〇年代になると二人の娘との深刻な確執も明らかになる。

まず幸せな主婦として紹介された他の料理研究家と異なり、山本麗子はデビューしたときにはすでに離婚していた。元夫は料理評論家の山本益博である。信州に暮らしてお菓子を教え、中華料理も得意とする。

加藤千恵も含め、全員一九四〇年代後半生まれのベビーブーマーである。新しい世代が時代を牽引し始めていた。その中で、家族に支えられて一躍トップに躍り出たのが、栗原はるみだった。

## 『ごちそうさまが、ききたくて。』の衝撃

栗原はるみがこれまでに出したレシピは、四千種類以上、料理本の累計発行部数は二千四百万部を超える。一九九五年には生活雑貨を扱う店とレストランを一緒にした「ゆとりの空間」を立ち上げ、一九九六年に扶桑社から栗原はるみを看板にした季刊誌『すてきレシピ』(第一号は『暮らしのレシピ』)を創刊。雑誌は二〇〇六年に『haru_mi』へと装いを替えて継続している。一九九〇年代、ファッションまで栗原はるみを真似るファンが現れ、「ハルラー」と呼ばれた。まさにカリスマである。

栗原を一躍有名にしたレシピ本が、ミリオンセラーを記録した『ごちそうさまが、ききたくて。』(文化出版局、一九九二年)である。人気を受け、一九九四年に続編の『もう一度、ごちそうさまがききたくて。』(文化出版局)も出している。この二冊から、栗原ワールドの魅力に迫ってみたい。

『ごちそうさま～』は、衝撃的なレシピ本だった。エッセイ集のようなタイトルが、ま

ず他のレシピ本と一線を画する。中を開くと、栗原家のキッチンの写真があり、自身の生い立ちを綴るエッセイが添えられている。それぞれのレシピにも短いエッセイがつけられ、ところどころに料理する栗原の写真、キッチンやリビングの写真が入る。使われている食器はすべて栗原の私物で、料理も家族に出してきたものだ。これは、栗原のライフスタイルを見せる本なのである。

一九八二年から『LEE』その他で仕事をしてきた栗原は、依頼に応じてレシピを考えたり、食器などの小道具の調達をスタイリスト任せにするだけでは、料理研究家が自分でなくても成り立つことに気づく。その思いを『AERA』二〇〇〇年二月二十八日号「現代の肖像」で、次のように語っている。

「暮らしの中から発想したレシピには読者も共感するし、私の顔が見えると思う。でも撮影のためのレシピにはそれがない。名前を隠すと誰の料理かわからず、私は私である、ということが表現できない」

だから、『ごちそうさま～』は、「私らしさ」を前面に押し出す。

それはたとえば、家族や遊びに来た人に好評だった料理である。

「前の晩出すと、翌日必ず、家族が『あれないの』とききます」と紹介される「なすの揚げ煮」。「娘は、これをたっぷり食べたあと、『今日からダイエット』が口癖」の「ポテトグラタン」。「揚げているそばに主人が寄ってきて、まだ味がなじんでいないからというのもきかずに、さっさと食べてしまう」という「鮭の南蛮漬け」。「せん切りにんじんとツナのサラダ」は、「初めて食べた仕事仲間の女性が、感激してくれて、何度もおかわりをしてくれた」料理である。「中学を過ぎた」息子が急に友達を連れて帰ったときに好評だったのは、「中華混ぜご飯」「春雨とひき肉の煮物」「豚ヒレとしめじのハヤシ風」などである。

『もう一度～』では、家族や友人の人気ベスト十が紹介される。一位は「揚げ鶏のねぎソース」、二位は「なすのドライカレー」、三位は「かきのチリソース」である。親しい人が食べ、支持したものを紹介する。ふだんの食卓の延長線上にレシピ本がある。

栗原は二〇〇九年に出した『伝えていきたい日本の味』（扶桑社）で、「料理家として仕事を始めた私のずっとそばにいて味の批評をしてくれたのもこの家族です。彼らが『おいしい』といってくれたものだけ本に紹介したり、お客さまにお出しする暗黙のルール」があると書く。一貫して実生活の延長線上にレシピがある。

栗原レシピは、生活という裏づけのあるノンフィクションなのである。そのことは同時に、編集者などの求めに応じて、シチュエーションに合わせた料理を考え提案する従来の仕事への批判ともなっている。

### 次々にくり出す技

実生活に裏づけされた家庭料理といっても、驚きのないレシピでは、プロにはなれない。意外な素材を組み合わせるレシピの元祖も、栗原はるみだったことが、『ごちそうさま～』からわかる。

たとえば「たこの香味サラダ」は、セロリやクレソン、青じそ、あさつき、新しょうがとたこのサラダに、市販のポン酢をかけ、最後に沸騰させたごま油をジューッとかけて混ぜ合わせる。

根菜が好きな栗原が、「何にでもごぼうを入れると笑われます」と書きつつ紹介するのは、「ごぼう入りハンバーグ」。「牛肉とごぼうは、煮物もあるくらい相性がいいのだから」と開発したもので、味をつけずに牛ひき肉、卵、たまねぎ、ごぼうでつくる。

娘が大好きな「ポテトグラタン」は、長ねぎとじゃがいものグラタンで、ホワイトソースの替わりに生クリームをかけアンチョビを効かせた料理。『もう一度～』で紹介された人気ベスト三の「かきのチリソース」は、卵入りである。

カフェ飯でよく出、ケンタロウが紹介した「切干し大根のサラダ」も『ごちそうさま～』に登場している。栗原レシピは、糸昆布、カニの身、貝割れが入り、豆板醬や鶏ガラスープを入れた中華風ドレッシングで食べる。

十歳年長の小林カツ代は、プロセスを大胆に変えた時短レシピを発表したが、基本的に味が想像できる安心感がある。対して栗原は、味に冒険がある。洋食や和食というジャンル自体にこだわらない。

小林は、西洋料理、中華料理、日本料理とジャンル分けされた料理を外で食べてきたベースがある。対して栗原は、実家で和食を、結婚相手の家で洋食をと、食べてきたものが家庭料理中心だったため、ジャンルにこだわりがなかったと思われる。

小林がデビューした時代は、洋食や中華へのアレンジが求められていたが、栗原が活躍を始めた一九八〇～九〇年代はグルメの時代で、本格的な中華の味を人々が知り、イタリア料理とフランス料理が違うことを知った。加えて、無国籍料理が外食で流行り、『オレンジページ』などが率先して、味つけでバリエーションを出す料理の人気を牽引していた。

意外な組み合わせ、新しい味に人々が貪欲になった時代に栗原はデビューした。それを提案し続けられるのが彼女の強みだった。

そんな栗原のビーフシチューを『ごちそうさま〜』から紹介しよう。

牛肩ロース肉は塩・こしょうをふり、小麦粉をまぶしてサラダ油で焼く。

肉を取り出した鍋に、バターを溶かし、たまねぎの薄切りを入れて十五分ほど中火で炒める。

たまねぎが色づいたら小麦粉をふり入れ、弱火で炒める。

赤ワインを注ぎ、手早く混ぜて小麦粉を溶かす。

煮立ったら肉を戻して固形スープ、トマトピュレ、とんかつソース、はちみつ、ローリエ、水を加えてアクを取り、ふたをして一〜二時間煮る。

一口大に切ったじゃがいも、たまねぎ、にんじんを加えて煮、柔らかくなったら塩・こしょうで調味する。

小林レシピより手軽である。そして、もしかすると調理時間も短い。小林はプロセスを簡単にしつつ味は正統派の缶詰のドミグラスソースを使ったが、栗原は家庭に常備してあるとんかつソースで、ソースの手づくりを回避する。スープやソースなど、市販加工品をどんどん使うのも栗原の特徴である。手づくりもするが、ときには市販品が混ざる。ふつうの主婦がそうするように。

栗原の思いは、レシピの前にあるショートエッセイから伝わってくる。

「ものの本によると、ビーフシチューには、ドミグラスソースが必要だったり、ブラウンソースを作らなければならなかったりで、そのとおりにしようとすると、一大決心がいります。それでは、ビーフシチューは一年に一度、ということにもなりかねないので、ひとつの鍋で、どんどん材料を加えて煮込むだけの方法を考えました」

手づくりにこだわる料理研究家の常識に挑戦し、ハードルが高いビーフシチューを万人のものにしたい。レシピ本で異例のミリオンセラーとなった要因は、レシピの民主化にあった。小林が起こした家庭料理の革命を、栗原はるみは完成させたのである。

## 母直伝の日本の味

新しい発想のもとには必ず古くからの知恵がある。小林が母のつくる昔ながらの大阪の味で育ったことを誇りにしたように、栗原も、自分の料理のベースは母にあると明言する。デビュー作『献立が10倍になるたれの本』（文化出版局、一九八九年）のまえがきに、「母の家庭料理は、私の中にも確実に根をおろしていて、それが私の料理の基本の一部になっている」とある。

『ごちそうさま～』の冒頭にも台所を預かる母の思い出話があり、読者を安心させる。栗原の本では随所に母のエピソード、そして直伝のレシピが出てきて、斬新な印象を和らげている。『ごちそうさま～』では、最初に紹介されるレシピが実家で食べてきた「さばそぼろ」で、「レバーひじき」などの実家で定番だった料理、ごまを毎朝すっていた母から学んだ「ごま味けんちん汁」「ふきのごま煮」などが紹介される。『もう一度～』では、十四ページに渡って「母の味」のページがあり、アレンジしたものも含めて十九レシピが紹介される。

伝統も大事にする栗原の集大成が、二〇〇九年に出した『伝えていきたい日本の味』である。栗原はこの四年前に『Harumi's Japanese Cooking』（コンラン・オクトパス社）でグルマン世界料理本賞のグランプリを受賞。イギリスでレシピを提供するなど、国際的な活動を始めており、『伝えていきたい日本の味』では、巻きすや落としぶたなど、海外で再発見した日本独自の道具の魅力も紹介している。

登場するのは、「たけのこごはん」や「焼きなす」「ほうれん草の白あえ」「肉じゃが」「かぼちゃの煮もの」「五目ごはん」「五目豆」などの定番和食から、「麻婆豆腐」や「焼きぎょうざ」「ミートソーススパゲッティ」などの昭和の洋食や中華もある。

中心を占めるのは、「牛れんこん」「里いものエビときのこのあんかけ」「エビカツ」「豆腐ラザニア」など栗原オリジナルのレシピである。「ふきのごま煮」などのごま料理、「さばそぼろごはん」「いなりずし」など母直伝のレシピ群もある。

とはいえ、『ごちそうさま～』から十七年経ってオリジナル料理がふえ、母から受け継いだ料理をそのまま紹介することは少なくなった。自らが考案した味つけや料理が定番だと言える実績を栗原は積んでいる。

「日本の味」と銘打ってはいるが、炒めものなど油を使った料理が多く、煮ものは少ない。いも料理、乾物料理の出番はほとんどない。いわゆる「おふくろの味」が少ないのだ。それは、二十一世紀に入って食卓が大きく変わったことの反映だろう。

今や世のお母さん、おばあさんのほとんどが昭和生まれ。どの世代も洋食に親しんでいる。おばあちゃんの味がカレーだ、コロッケだという若者も少なくないのである。乾物を台所にストックしていない、苦手、食べたことがないという人もいる。都市や郊外で育った日本人は、いろりにかかっていて毎日食べた昔の煮ものの味も知らない。もちろん、毎年漬物を漬けるわけでもない。この本に漬物は一切出てこない。

栗原が紹介する「日本の味」に出てこない昔ながらの料理は、すべて時間が調理するものである。漬物はその最たるものだ。それは、時短料理が人気になった後の時代の必然とも言えるもので、人々は料理にかける時間を惜しむ。

その中でどうしても残しておきたい、これなら読者に受け入れられるはず、と日本一の人気料理研究家が選んだのが、ごま料理であり、ハレの日に現在も食べ継がれるすしであり、数少ない「肉じゃが」や「里芋と鶏肉の煮もの」などの煮もの、日本人のソウルフードである栗を使った「栗ごはん」なのである。そして、保存食をあまり紹介しない栗原がつくり続けている「自家製みそ」と、その味噌を使った味噌汁である。

次節は栗原はるみの背景に迫る。それは、日本の食卓、そして家族の現在に迫ることにもつながるだろう。

## （3）あえて名乗る「主婦」

### 四千レシピの源

栗原はるみのすごさは、三十年以上にわたり大量のレシピを提供し続けていることだ。何しろ自分が看板の雑誌を二十年近くも続けているのである。

『haru_mi』の二〇一三年冬号を観てみよう。年越しの買いものやおせちづくりなどを紹介した年末年始特集、栗原自身が行った高知の旅、リースなど雑貨のつくり方と、大根と白菜のレシピ集。基本的な構成は『オレンジページ』と似ている。

大根のレシピは、「大根と牛肩ロースの煮もの」、乱切り大根でつくる「ブリ大根」、バター風味で焼いた「大根ステーキ」「大根しょうゆめし」「大根と刺身のサラダ」「みそ味大根そば鍋」「大根の皮の紹興酒漬け」である。

気軽な惣菜ばかりだが、一工夫がある。長年台所に立ち続けているうちに、ふと思いついた新しいアレンジを紹介しました、といった雰囲気である。

簡単な料理をつくるのは、案外難しい。経験が浅い人ほど、手の込んだ料理をつくろうとする。素材一つ二つで、味つけ、切り方、調理法をアレンジし、ささっとおいしいものをつくる人は経験が長い。素材や料理法の特徴を把握しているからである。栗原の気のきいたレシピ群は、大量のレシピを考案し続けたからこそ生まれてくるものなのだ。

しかしなぜ栗原は大量のレシピを提案し続けられるのだろうか。そのヒントは、デビュー作『献立が10倍になるたれの本』にある。タイトルも、一つの料理から十個はレシピが生み出せるという宣言である。同書のまえがきをもう少し読んでみよう。

母から教わっためんつゆを常備して、急いでいるときに煮ものに使ったり、ドレッシングにアレンジしたりと、バリエーションが広がり、たれやつゆをつくり置きしたり、野菜をせん切りにしたり茹でておく習慣をつけた。「このような作りおきを時間のあるときに準備するようになってから、私は本当に気楽に料理ができるようになったのです」と書く。下準備があるからこそのバリエーションというわけである。

もう一つ、バリエーションが広がった理由がある。

「和、洋、中国というような枠にこだわらず、今まで合わないと思われていた素材を組み合わせてみる、というように自由な発想を持つことで、私は、義務と思わず、料理を楽しむことを覚え、ささやかながら自分の世界を見いだすことができました」

このまえがきの文章は、栗原はるみの原点である。彼女にとって新しいレシピを生み出すことは、苦しみより達成感のほうが大きいのかもしれない。

## アイドルの使命

二〇一一年十月二十四日、栗原はるみはNHKのドキュメンタリー番組『プロフェッショナル　仕事の流儀』で料理研究家の代表として取り上げられた。見どころは、レシピが完成するまで続ける試作である。「百人が作ったら百人がおいしく作れるレシピ」をめざす栗原は、読者の多様な生活条件に合わせて再現できる、と考えたレシピを出す。

たとえば、「エビと卵のチャーハン」は、フライパンで中華料理店のようなパラパラ感を出す方法を約一カ月研究し続けた。火加減、油の量、入れるタイミング。何度も何度もつくり、確実な方法を出そうとする。台所の環境やその人のくせ、好みなどによって、できるものは変わる、とは言わない。

栗原は、気になることを徹底的に検証しなければ気が済まない。栗原のレシピ本の多くが、パーソナル雑誌の版元、扶桑社刊であるのは、校正の最終段階まで手を入れ続けるこだわりについていけるスタッフが、限られるからかもしれない。その「プロフェッショナル」な姿勢がおそらく、店を持ち雑誌を主宰する源泉ともなっている。

その性格が表れたレシピもある。『ごちそうさま〜』に出てくるせん切りの章の扉ページに栗原はこう書く。

「どういうわけか、せん切りが大好きです。薄切りにした野菜を重ね、端からトントン切っていくと、きれいなせんになった野菜が次々に現われるのが、なんとも気持ちがいい」

紹介されるレシピは、きゃべつの「コールスロー」、せん切りのにんじん、大根、白ねぎ、きゅうりを巻いてたれをつける「牛たたきの野菜巻き」「かぼちゃのせん切りサラダ」「せん切りにんじんとツナのサラダ」、白髪ねぎを大量に添えた「豚肉の梅肉蒸し」、せん切りじゃがいもの「ハッシュドブラウンポテト」など。

香味野菜や柑橘類が好きで、その中でも特にみょうがが好き。同書では「自分でもあきれるほど好きで、みそ汁や吸い物の実、サラダ、酢の物、そうめんや冷ややっこの薬味と、何にでも入れてしまうのですが、それさえも省略して、そのままおかかをかけて食べることもあるほど」と書く。

凝り性だから生まれるレシピ群。しかしそこには別の理由もある。先のNHKの番組で栗原は次のように語る。

「一番最初に私の料理をやって失敗しちゃったら、私のこと嫌いにならない？　やっぱり料理って難しいなって思わない？　裏切らないようにしたいなっていうことだけですね。あなたのレシピは信頼できる、それで料理が好きになったと言われたら、最高の私へのプレゼントですね」

強い自意識とも取れる発言は、熱狂的なファンをたくさん持つタレントとしての自覚に通じる。あたかもそれは皆に愛されるアイドルのようで、愛されるための努力を栗原は惜しまない。

一方、家庭料理の常識に挑戦し続けた小林カツ代は、アジテーターと言える。常識をくつがえすような価値観を提示するアーティストでもあった。ファンは思ってもみない新しい世界を知って驚くのである。

栗原はるみは、届かないと思っていた世界を、自分のものにさせてくれる。外食や中食で「おいしい」と思ったものを、自宅で再現できるレシピを提案する。中華料理店のパラパラチャーハンをあなたもつくれると、栗原は励ましてくれるのだ。

## 主婦代表の自覚

栗原はるみが小林カツ代と最も違うのは、その立ち位置である。小林カツ代は、『料理の鉄人』出演の際のエピソードからもわかるように、主婦と言われることを嫌がった。自分は「家庭料理のプロ」なのだと言い続けた。しかし、栗原は自分の存在が社会現象となった一九九〇年代、自らを主婦だと言い続けた。

二〇〇〇年の『AERA』「現代の肖像」でも、「私はタレントじゃない、普通のおばさん。専業主婦だった時と、私は変わっていない」と発言する。NHK『プロフェッショナル　仕事の流儀』では、「プロフェッショナルとは？」という質問に対し、「私が決してプロフェッショナルとは思ってないんだけど、私ができることを、誰よりも楽しみながらやれて、それを一生懸命やり続けたいですね」と答える。

三十年プロをやってきて、まだプロではないと言う。この発言だけを取り上げると嫌味にも聞こえかねないが、今回栗原の資料を読み込んで気がついた。彼女は、偶像の栗原はるみが実生活から乖離しないように、自分を主婦と位置づけているのである。

私生活をネタにするスタンスは作家的とも言えるが、私が彼女をアーティストではなくアイドルと考えるのは、その親近感による。折にふれて紹介する自分の食器は、有元葉子のように、ずば抜けたセンスのものではない。おしゃれだけど、「自分の家に置いてもいいかな」「うちにもあるけど、そういえば使いこなしていないわ」と読者が思える適度な野暮ったさが彼女のセレクトにはある。

扶桑社で出している雑誌や本も、洗練されすぎてはいない。二〇〇〇年代に新しい雑誌やビジュアル本デザインのトレンドを牽引したライフスタイル誌『ku:nel』（マガジンハウス）は、空間に間を持たせる構成で、計算され尽くした独特の緊張感がある。しかし、栗原の本や雑誌の隙間は、写真と文章を並べただけの手づくり感を残す。センスに自信がない人も、気軽にその世界に入っていけるのである。

平凡な主婦の延長線上に自分を置くというスタイルは、初のエッセイ集『楽しいこといっぱい65』（扶桑社、二〇一二年）に鮮明に表れる。

「思い返せば、ただ時間に追われ流されてきたように見える日常の中でも、私はいつも楽しめることを見つけ、自分なりに工夫し、生き生きと喜びを感じて生きてきた、そう気付いたのです」とまえがきで書く。本の内容は、亡くなった父のひざかけ、夫が結婚前から大事にする椅子、楽しみながらやるアイロンがけといったささやかな日常や思い出である。行間からにじみ出てくるのは、彼女の意志の強さだ。

愛は自然な感情と思われがちだが、実は違う。始まりは自然に生まれたかもしれない。しかし、持続させるのは意志である。親子も、夫婦も、そして友人など他者との関係も、好きなだけでは続かない。相手を思いやり、こまめに自分の気持ちを伝え相手を受け入れる。その努力を互いに続けなければ崩壊する。

多忙なこと、皆のアイドルにならなければならないことは、第一線で活躍する料理研究家なら共通する。しかし、栗原はどんなに忙しくても、家族のための時間を疎かにしない。できる限り食卓をともにする。誕生日など記念日は全員で食卓を囲み、「家族になれたことを感謝して（中略）想いを、伝え合いわかり合う日」と位置づける。

家族のための料理もきちんとつくる。でも、彼女一人ではなく、夫も、子どもたちも台所に立つ。家族が互いに支え合っている。そもそも、私生活を全面に展開する本や雑誌を、一度ではなく継続して出し続けられるのは、家族が理解し支えてくれるからだ。試作品を食べることにも家族はつき合ってきたのである。

そして、息子は料理研究家、栗原心平で跡継ぎを表明している。職業の選択肢が多い時代、一代限りでもおかしくない職業を継ぐ、と息子が言った時点で彼女の仕事も、母としての愛情も確かなものだったと証明されている。

## 栗原はるみのプロフィール

では、彼女はどんな背景を持つのか。その生い立ちを振り返ってみよう。

生まれたのは一九四七（昭和二十二）年。静岡県下田市で印刷会社を営む両親と、祖母、伯母、そして兄が一人、従業員とお手伝いさんたちが一緒に暮らしていた。母は毎日全員の朝食、昼食、夕食、そして夜食を整える。四時半に起きてごまを摺り、朝食をつくる。炒り卵のための卵を裏ごしするなど「手のこんだものが見栄えよくできるのが楽しみだった」（『AERA』二〇〇〇年二月二十八日号）と母は語る。

地元の旧家に生まれた母は九歳で父を亡くし、働く母親に代わって台所を切り盛りした。その母のすごさを、はるみはデビュー作『〜たれの本』で次のように書いている。

「下田の家庭料理の伝統をしっかりと身につけ、それを守って生きて来ました。しかも、生来センスがあったとみえて、味つけが抜群。半世紀近くも家の男どもを満足させて、飽きさせなかった自信に支えられています」

母の言いつけで、はるみは子ども時代、お手伝いさんと一緒に朝六時に起き、朝食の支度から掃除まで手伝いながら成長した。特にこの料理を教わったというのではなく、生活の中で自然に料理する習慣を身につけている。

栗原はこれまで紹介した料理研究家のようなセレブリティの出身ではないが、戦争の時代を挟んでも途絶えなかった家庭料理の伝統に支えられている。そして、昔の女性がそうであったように、子どものころから体で家事を覚えた。こまめに動き回ることを負担に思わないのも、主婦業に誇りを持つのも当然のことである。

東京の短大を卒業するころ、下田は名高い建築家やデザイナーなどがセカンドハウスを構えるリゾート地になっていた。兄の遊び仲間に入れてもらい、外国の音楽を聴いたり、ブルーベリーマフィンやコンソメで炊いたご飯といった西洋料理を初めて口にする。その仲間の一人に、モーニングショー出身のテレビキャスター、栗原玲児がいた。

はるみは、初めて遊びに行った栗原家でカルチャーショックを受ける。テーブルにはランチョンマットが敷かれ、部屋に花と果物が飾ってある。キッチンには、オーブンが内蔵され四つもガス台があるコンロに牛肉のトマトシチューが煮えていた。玲児は下田の仲間の中でも料理上手な一人だった。

しかし、彼は華やかなメディアの世界に生き、十四歳も年上で離婚歴もあった。結婚に両親は大反対する。はるみは初めて親に歯向かい、家出までする。そして一九七三年、二十六歳のときに結婚。

はるみは当初、「妻っていうのはね、朝は夫より早く起きて家事をして、子どもを健やかに育て、おいしい食事を作って夫の帰りを待つ、そんな当たり前のことを続けられるのが幸せなんだよ」という母の教えを守ろうと専業主婦をしていた。

しかし玲児は料理ができるし、帰宅の時間も不規則。戸惑うことばかりの生活に自分を順応させ、二年後に長女、五年後に長男を産む。幸せなはずだった。そんなある日、夫に「ぼくを待つだけの女性でいて欲しくない」と言われてしまう。

自分にできることを、と思いついたのが料理。近所の主婦に教え、主婦仲間と中華料理店シェフに料理を習いに行った。栗原家は来客の多い家で、はるみはさまざまに工夫してもてなしていた。あるとき、彼女の腕前に驚いたテレビ局関係者の紹介で、フジテレビの『夕食ばんざい』という番組の裏方になった。三十六歳のときだ。

タレントからの料理の説明は少なく、想像力がいる仕事。台所設備が整っていないときは、調理器具一式と料理を肩から下げて出勤する。嫌味を言われる日もあった。華やかな世界の裏側を知り、忍耐を覚えた。

そして、『ＬＥＥ』から焼き肉特集の依頼が来る。生活情報誌が次々と創刊された一九八〇年代、仕事は途切れることなく続いた。多忙の中で生まれたアイデアが、『〜たれの本』になり、雑誌の仕事で覚えた違和感が『ごちそうさま〜』につながる。

昔ながらの家を守る主婦になろうと思ったはるみは、時代から求められ、多くの人に愛される料理研究家となった。

栗原が、「私らしさ」をくり返し伝えようとするのは、自分なりの生き方を求めた夫への返答のようでもある。同時に、主婦が夫の後ろに従っているだけでは済まない現代という時代を象徴している。

栗原の名を男性たちの間にも広めた「カリスマ主婦」という言葉は、分裂した意味を持っている。彼女が有名になったのは、妥協のない仕事を続けて信頼を得ていたからである。しかし男性メディアは、彼女自身が自分を主婦と位置づけることを利用し、主婦のカリスマとした。それは、女性には家で夫や子どもを待っていて欲しい、という一部の男性の願望を反映している。

栗原自身は家族の関係を守る要として、主婦の役割を任じているのであり、旧来の主婦と違い、自らがスポットライトを浴び、意識しなければ家族と過ごす時間も持てない多忙の中にある。その矛盾こそが平成という時代を体現している。

## （4）最後の主婦論争

### ハルラー世代

栗原はるみファンの年代は幅広いが、彼女を取り囲むハルラーがテレビに映し出されるときには、栗原と近い年回りの女性が目立つ。今さら習わなくてもいいようなベテラン主婦がなぜ、と思うのは家庭料理の厳しさを知らない人である。

夕食の支度をする時間になると憂鬱になる、という女性は案外多い。台所に立つのが自分しかいない、という主婦は特にそうだ。主婦は一年三百六十五日休みがない。中高年女性たちが連れ立って旅行に出かけるのは、旅行中だけは食事を用意しなくて済むからである。「全部用意してもらえるっていいわねえ」と温泉旅館で彼女たちは笑い合う。「ご飯まだ?」と聞く大きな図体をした息子や娘も、夕方遅くになって「今日はいらない」と電話してくる夫のことも、今夜は気にしなくていいのである。

献立に悩む中高年女性は多い。なぜなら、彼女たちは新婚時代に日替りで献立を整えなければならない、と覚えた最初の世代だからである。テレビが普及して料理番組が人気となり、主婦雑誌が全盛期だった高度成長期に主婦となった六十〜八十代は、夫や子どもに尽くし、家事を一手に引き受けなければならないと考えている。そのそれぞれの年代に異なる理由がある。

昭和ヒトケタ世代は家父長制のもとで、割烹着を着て一日中手作業の家事に追われていた母親を見て、手伝いもしながら育った。しかし、本格的に料理を教わるべき十代は食糧配給の時代に突入しており、自身は学徒動員で働く日々を過ごしている。

昭和十年代生まれは、子ども時代が戦中戦後と重なり、ひもじい思いをして育っている。十代は男女平等、民主主義を教える新しい時代だった。そして家庭を持つ二十代が経済成長の真ん中で、育った環境とはまるで違う台所を手に入れている。

戦後生まれのベビーブーマーたちは、終わったばかりの戦争の影を感じながら、新しいものが次々と登場する喧騒の時代に育っている。男女平等の理念と現実とのギャップを最も強く意識する世代である。

昭和前半生まれに共通するのは、家庭の中で受け継がれてきた知恵や、家庭料理を知らずに育っていること。あるいは、戦争を始めた世代への不信感を抱いていることだ。彼女たちは、封建的なニオイがする戦前の文化を信用していない。その中には食文化も含まれる。落ち着かない学校時代を過ごし、きちんと勉強できなかったという思いを抱く人が少なくない。料理の基礎が身についていないコンプレックスもある。

彼女たちが、そんな時代にあって稀な、親からきちんと料理を教わり食事に満足して育った料理研究家に憧れを抱くのは当然である。主婦の役割を果たすことに熱心な女性ならなおさらだ。毎日家族を飽きさせないために、献立を工夫し手づくりの食卓を整える。しかし、アイデアはマンネリ化しがち。そんな彼女たちに変化に富んだ工夫のあるレシピを、絶え間なく提供する栗原はるみは、驚異なのである。

ちゃんとした主婦をめざした昭和前半生まれは、しかし自分の娘には料理を教えなかった。一人で背負った家事をこなすのに精一杯で、足手まといになる子どもたちを台所から追いやった。それにももちろん、彼女たちなりの理由がある。

上の世代に反感を持つ人は、自分が強制された台所修業の煩わしさを娘には味わわせたくなかった。食糧難の時代に育った人は、親から教わらなかったから教えるという発想がなかった、あるいは基礎がない自分が教えることに躊躇した。高学歴化していく時代に子育てをして、娘に人生の可能性を開いて欲しい、と勉強をさせようとした人もいる。

彼女たちの娘、つまり昭和後半に生まれた女性たちには、料理に苦手意識を感じる人が多い。この世代が読む『オレンジページ』や『すてきな奥さん』は、くり返し基本的なコツを教える。面倒な夕食の準備を短縮する技を教える。どうラクをするか、を読者が求めるのは、体で覚える子ども時代に技術を身につけておらず、作業に手間取るからである。料理は難しい、とひるんでしまうのである。

母親は娘のためを思って台所から遠ざけたのかもしれないが、その結果、娘たちは自分たち以上に家事に苦手意識を持つ大人になっていた。

## 女性のヒエラルキー

昭和前半生まれが、家事に苦手意識を持つ最初の世代とすれば、栗原はるみがいかに貴重な存在かわかるだろう。明治大正生まれの女性たちは、家庭で、あるいは奉公に出た先で、家事をひと通り仕込まれて育った。外食・中食という選択肢がない時代、料理は生きるために必須の技術だったからである。女性たちは台所回りで手伝って少しずつ手順を覚え、食事の支度をひと通りできるようになって結婚していった。

そのシステムが崩れていくのが昭和という時代である。料理技術にコンプレックスを持つ世代にとって、栗原はるみは労を厭わないというだけでカリスマだった。しかし、彼女がカリスマたり得たのにはもう一つ理由がある。栗原のファンは同年代だけではない。若い世代にもファン層が広まっているからトップ料理研究家なのである。

若い世代が憧れるのは、栗原はるみが、主婦になり得ると自らを想定する女性層のヒエラルキーのトップに立ち、すべてを手にしているからである。高い社会的地位と高収入を約束してくれる仕事を持ち、幸せな家庭を維持し、育て上げた子どもたちもいる、という意味である。

中流意識を持つ女性の間には、暗黙の了解の下に成り立つヒエラルキーがある。頂点は栗原はるみのように、結婚、仕事、子どもを手に入れた女性。次は結婚と子どもを手に入れた専業主婦。シングルマザーだがやりがいのある仕事を持つ女性が続き、共働きで子どものいない女性がその下にいる。一番下は独身女性である。この中でも本人または夫の仕事の質や収入で細かい序列があり、それを女性たちは敏感に探り、上か下かあるいは仲間かを確認してつき合い方を決める。男性が、社会的地位で関係を決めるのと同じである。女性の場合は結婚・子ども・仕事と三つも要素が絡み合うのでより複雑だ。「女性の幸せは結婚である」という意識は、今でも女性たちの間にある。結婚していない女性は結婚できなかった女性であり、子どもがいない女性は子どもができなかった女性である。仕事はやり甲斐が目に見えるものなら憧れの対象になるが、結婚できたかどうか、子どもができたかどうかのほうがより重要である。

女性同士のヒエラルキーに結婚が強固にあるのはなぜだろうか。社会で活躍する女性が、専業主婦の母親を疎ましく思いがちな時代になっても、まだ専業主婦に憧れる若い女性が多いのは、一体なぜだろうか。そもそも主婦とは、どういう存在なのだろうか。

## 主婦とは何か

昭和から平成にかけて、主婦はくり返し論争の対象になってきた。第一章で取り上げた高度成長期の三次に渡る主婦論争は、近代化とともに家事がラクになり、パートも含めて女性の働き口がふえた時代を反映して、職場進出の是非や家事役割の位置づけについて議論したものである。

その後も三度に渡る主婦論争があった、と書いたのがジェンダー研究を行う妙木忍である。『女性同士の争いはなぜ起こるのか』（青土社、二〇〇九年）の中で、妙木は一九八〇年代半ばのアグネス論争、二〇〇〇年前後の専業主婦論争、二〇〇四年ごろの負け犬論争を第四次〜第六次主婦論争と位置づける。

アグネス論争は、タレントのアグネス・チャンが職場に生まれたばかりの子どもを連れて出たことへの林真理子の批判から始まった。新聞や週刊誌などの男性メディアでも幅広く論争がくり広げられたことが、第三次までの主婦論争と異なっている。

この論争では「神聖な」職場に、子育てという私事を持ち込むことが批判された。均等法施行で、男性が仕事で女性は家庭という性別役割分業意識が変わり始めた時代だが、職場に進出する女性は、男性の同僚に合わせ生活感を匂わせないことが要求された。

専業主婦論争は、女性の天職は主婦として母性を発揮することと説いた林道義の『主婦の復権』（講談社、一九九八年）と、夫に収入を頼る専業主婦の生活リスクの高まりを指摘し、主婦役割や母親役割の否定を含んだ石原里紗の『ふざけるな専業主婦』（ぶんか社、一九九八年）がきっかけである。平成不況に突入し、共働きの既婚女性が専業主婦を上回ったこの時期、少数派になった主婦の意味が再び問い直されたのである。

主婦であることは確かにリスクを伴う。現在、シングルマザーと子どもの貧困が社会問題になっているが、それは結婚や出産で仕事を中断した女性が、その後安定した職を得られないことから来ている。石原は批判に対する回答として、続けて数冊の本をぶんか社から出すが、一貫して不安定な立場となる結婚をせよと「人の人生に口を出す専業主婦」への嫌悪感を露わにする。

林の論はある年代以上の男性なら、身に覚えがあるかもしれない。女性の本分は家庭にあり、とする今ならセクハラ発言と取られかねない内容だが、半世紀前はそういう考え方が主流だった。その後女性の社会進出は進んでいくが、業界や企業によってその時期は異なり、未だに「女性初」の登用を始めたばかりの職場もある。

進出してくる女性に脅威を感じる男性、非行や犯罪に走る若者の原因を母親だけに押しつけたい男性が、この論に賛成するだろう。そこにはある程度の真実が含まれる。家庭は案外もろく、維持するにはそれなりの時間を割く必要がある。ただし、それは女性一人の責任ではない。

負け犬論争は、酒井順子の『負け犬の遠吠え』がきっかけで、週刊誌などで盛り上がったもので、酒井の定義によれば、負け犬とは三十代以上、未婚、子どもなしの女性である。あらかじめ自分は負け犬です、と認めてしまえば既婚者たちは、「結婚しろ」ととやかく言わないだろうと、石原の不満に応える処世術を示したものと言える。酒井と石原はどちらも一九六六（昭和四十一）年生まれである。

この世代は、女性たちの生き方が変わる分岐点に位置する。二十代のうちに女性は二十四歳までに結婚すべきとするクリスマスケーキ説が崩れて、三十代になるころには、結婚適齢期という言葉を聞かなくなった。同時に、差別を含むマル高（高齢出産）、三十五歳までに初産を終えるべき、という声も聞かなくなった。女性の幸せは結婚にあり主婦業を最優先すべき、という価値観が崩れていく世代である。

均等法第一世代で、働き続ける女性がふえた世代でもある。同世代に結婚している女性、子どもがいる女性、結婚して子どもがいる女性、結婚していない女性が入り交じるという体験を初めてした世代で、主婦にならない同世代は、主婦にとって脅威であった。

妙木が負け犬論争を主婦論争の終わり、と位置づけることには同感である。なぜなら、その後起こった婚活ブームや、二〇〇五年から恒例化したライフスタイル誌『CREA』（文藝春秋）の「母になる！」特集や、マタニティヌードブームなど出産を特権化する流行は、もはや結婚も出産も前提ではなくなったことを意味する。論争が成り立たなくなり、強化されたのが女性のヒエラルキーである。

今も若い女性は専業主婦になりたがる。それは、夫や子どもに尽くす旧来の生き方を全うしたいからではない。主婦向けのファッション誌が三十代、四十代、五十代向けと広がるにつれ、主婦や母になっても主役を生きる女性が憧れの対象として浮上した。社会的に夫から守られ、さらに生活も保障されたうえで、好きなことをやりつつ、自分が産んだ子どもが成長するのを見守る。若い女性が憧れているのは、主婦ではなく奥さまというセレブリティであり、それはつまりお姫様願望なのである。

彼女たちが働くことを忌避して現実逃避したがるのは、女性の社会的地位の低さやチャンスの少なさを反映している。現実が厳しいからこそ、夢をみるのである。

## 料理するのは誰か

六次に渡る論争の中で抜け落ちた論点が、主婦とは何かを論じることである。主婦は近代になって誕生し、サラリーマンの登場とともに広まった立場である。

小林カツ代や栗原はるみの母がそうだったように、家業を持つ家で主婦は住み込みの従業員の世話を焼き、女中やお手伝いさんを指揮して家事に采配をふるう女性である。自ら先頭に立って働く女性もいたし、指揮を中心にする女性もいた。

戦後、高度成長期とともに所得格差が縮まり、中流家庭からはお手伝いさんの存在が消えていった。家庭が家族だけの集団となり、夫や子どものために家事を一手に引き受ける主婦がふえた。主婦論争は主婦の大衆化とともに起こり、女性の生き方が多様化するとともになくなった。

負け犬論争の後、専業主婦は若い女性が憧れるセレブリティになった。主婦が大衆化する以前の状態に戻ったのである。一方、経済的にゆとりがない家庭の専業主婦は無職なのである。さまざまな事情で働けない彼女たちは、社会的に手を差し伸べるべき存在ではあっても、望ましい生き方にはもはや成り得ない。

つまり、主婦とはサラリーマンの妻で無職、家事の担い手である女性である。共働く既婚女性が中心になった今、問題は家事と育児を誰がどの程度行うかである。共働き時代になって、男性の家事・育児時間の少なさは問題になってきた。総務省の「平成23年社会生活基本調査」によれば、男性の家事関連時間は増加傾向にあるが、一週間に四十二分で女性の三時間三十五分と比べて大幅に少ない。それは彼らの意識の反映でもあった。

この状況が変わりつつある。二〇〇〇年代の終わりごろから、自ら職場につくった弁当を持参する「弁当男子」が話題となり、同じころ、育児に主体的に関わる「イクメン」が流行語になった。

二〇一四年には、NHKの『クローズアップ現代』(七月三十一日)で「男はつらいよ2014　1000人〝心の声〟」、『AERA』九月一日号「男がつらい!」特集など、会社からも家族からも要求の多い環境で苦しむ男性が話題になっている。もちろんそこにはイクメンなど、家事・育児に積極的な男性が含まれている。一部の男性ではあるが、女性が四半世紀前から抱えてきた家事・育児に対する疑問を自らのものとして感じ始めたのである。

若い世代の男性は、家事や育児に抵抗感がなくなってきている。むしろ今問題なのは、料理しない主婦たちの増加である。

外食・中食への依存度を表す食の外部化率も高い。内閣府の調査で、一九九〇年に四十一・二パーセントと初めて四十パーセント台に乗った外部化率はその後も少しずつ上昇を続け、二〇一二年には四十五・二パーセントに至っている。おおまかに言えば食事の半分が外食・中食なのである。

先ほど紹介したとおり、料理に苦手意識を持つ女性は昭和前半生まれの世代が主婦になった高度成長期から存在する。彼女たちに料理させるために、あるいは基礎から教えるために奮闘してきた料理研究家がいる。次章はそんな彼女・彼たちの物語である。

## 料理再現コラム③

### 栗原はるみの「にんじんとツナのサラダ」

栗原はるみの定番レシピ、「にんじんとツナのサラダ」。最近、にんじんのせん切りサラダ松の実和えがマイブームだったので、ツナを使うこの料理にも興味を持っていた。細かくにんじんを切る間に指は突っ張って痛くなるが、くり返しつくるうちに三ミリぐらいの幅まで細く切れるようになっていた。

『伝えていきたい日本の味』のレシピに従い、にんじんをせん切りする。たまねぎ、にんにくをみじん切りする。電子レンジにかける。レシピでは全部一緒に一分～一分三十秒となっているが、わが家好みの柔らかさになるまでにんじんは四分、たまねぎとにんにくは一分三十秒加熱する。電子レンジ料理は栗原はるみが長年研究した得意料理でもある。従来の方法だと、野菜の下茹では鍋に張った湯でするが、この細かい素材を湯に入れるとバラけてしまう。確かにこれは、電子レンジあってこその料理だ。

ワインビネガーは米酢で代用。サラダ油も自分が好きなオリーブオイルに替えて後から加える。にんじん、たまねぎ、ツナ缶、にんにくをオリーブオイル、米酢、粒マスタード、淡口醤油、レモン汁、塩・こしょうで和える。

レモンと酢の爽やかさとツナのまろやかな味、粒マスタードのパンチが入り交じって口の中でいろいろな味がする。食べ飽きないので、箸も進む。翌日残りを食べると、調味料が染み込んでなますのようになっている。栗原はるみに高い人気があるのは、皆が知っている和食にベースがある料理を提案してきたからかもしれない。

# 第四章　和食指導の系譜

## （1）昭和のおふくろの味――土井勝、土井善晴、村上昭子

### 和食と台所

これまで紹介してきた料理研究家は、外国料理を積極的に紹介してきた人たちである。戦後、料理への関心は新しいものへ向かってきた。もちろん、和食の紹介がなかったわけではない。明治生まれの料理研究家、江上トミはふるさと九州などの郷土料理を含む和食を紹介している。城戸崎愛も、小林カツ代と栗原はるみも和食を教えた。

しかし、特に高度成長期ごろまで、家庭で教わっているはず、という暗黙の了解が共有されていたせいか、外国から来た料理より存在感は薄い。その中でも、和食を中心に指導してきた料理研究家の仕事を見ていくと、時代が進むにつれ紹介されなくなっていく料理があり、紹介の仕方も変わっていくことがわかる。それは何を意味するのか。そ

のことを、料理研究家の仕事から考えるのが本章である。

ところで、和食とはどの範囲を指すのだろうか。二〇一三年十二月、和食はユネスコの無形文化遺産に登録されたが、農林水産省が出したガイドブック『和食』では、一汁三菜が基本で旬の食材を使う、多様な調理法があるといった特徴を書いているが、「この料理が和食だ」と定義しているわけではない。

一般的にイメージされる和食は、ご飯に味噌汁、漬物、煮もの、焼き魚などの献立だろう。日本料理店や昔の食卓に通じるイメージだ。伝承されてきた料理、と言い換えてもよいかもしれない。しかし、この伝承が難しくなっている。

大きな要因として、第二次世界大戦による断絶がある。戦中戦後に子ども時代を過ごした女性たちは、親から料理を教わることができなかった人が多い。上の世代や過去に対する不信感もある。外で働く既婚女性がふえ、時間がかかる煮ものなどが敬遠された。

台所の環境変化も大きい。昭和の初めまで続いた食卓が成り立たなくなったのは、昔の料理をつくる環境がなくなったからである。

たとえば漬物は、一度に大量に採れる野菜の保存食である。白菜漬け、たくあん、青菜の漬物は、ビタミン不足に陥りやすい冬場に、きゅうりやなすなどの糠漬けは、食欲が落ちる夏場に欠かせないご飯の供だった。昔はご飯が二杯、三杯と食べるまさに主食でご飯の供は必須だった。一九六二年をピークにコメの消費量が落ち続けているのは、おかわりする必要がないほどおかずの量がふえたことも大きい。

年中新鮮な野菜が手に入るようになり、漬物の必要性も薄れた。台所は明るい板の間のダイニングキッチンになり、漬物を保存するのにふさわしい冷暗所が少なくなった。漬ける作業に向いた土間もない。

おかずが少なかったのは、手に入る食材が限られていたからである。しかし戦後、飢餓状態からの食糧増産と供給に国を挙げて取り組んだ結果、野菜、肉、卵、乳製品などの生産量がふえ、魚介類を遠くまで運ぶ流通が整えられた。

昔の台所は、決まった食材を決まった料理法でつくるのにふさわしい環境だった。家事はすべて手作業で時間がかかり、主婦が火のそばについていられる時間は短い。だから、かまどにかけた丸底の鍋で手早くつくれる味噌汁や火にかけて置いておける煮ものをつくる。そんな環境を前提に、女性は限られたレパートリーを次世代に伝えてきた。

家庭の惣菜とは別の次元で成り立っていたのが日本料理で、それは出汁を使った手間のかかる汁もの、椀もの、包丁さばきが冴える刺身など、技術があって成り立つ料理だった。しかし、使う調味料は醬油や酒、みりんなど家庭料理と共通するものだった。

私たちが和食として思い浮かべるのは、このような醬油、酒、味噌、みりんなどの発酵調味料や昆布、かつお節などの出汁を使った料理である。

これらの料理が、高度成長期以降に大人になった昭和育ちから古臭いと嫌われ、つくるのが面倒だと敬遠された。明るい板の間のキッチンには、ガスの安定した強い火力のコンロと換気扇があって、フライパンで油を使う炒めものなどの料理が普及した。農林水産省が紹介する和食の技法に「炒める」は出てこない。

ケチャップやウスターソース、オイスターソース、スパイス、ナムプラーなど次々と外国の調味料が登場し、それらを使った洋食、中華、エスニック料理の目新しさが歓迎される。テレビなどのメディアが発達し、新しい料理のレシピが大量に発信され、ハンバーグなどが「お母さんの味」として定着していった。世代が下るにつれ、保存食の乾物や漬物の独特の香りを、くさいと敬遠するようになる。

環境の変化が料理を変え、人の嗜好を変えた。

そんな時代に、なぜ一部の料理研究家たちは、あえて昔ながらの和食を伝えようとしたのだろうか。

## 和食の第一人者、土井勝

昭和の時代、和食を教える代表的な料理研究家の一人が、土井勝だった。一九八三年にＮＨＫの第三十四回放送文化賞、日本食生活文化財団の食生活文化功労賞を受賞している。テレビは放送が始まってすぐ、一九五三年から出演している。もちろん、ＮＨＫ『きょうの料理』では番組開始当初から講師を務めていて、最初に教えたのが「子供のためのお祝い料理」である。テレビ朝日でも一九七四年から『土井勝の紀文おかずのクッキング』というレギュラー番組を持ち、現在は次男の土井善晴が『おかずのクッキング』として引き継いでいる。

著書は百冊を超える。レシピ本を中心に、全国各地を訪ねて発掘した昔ながらの料理の紹介やルポもある。二つの賞の受賞は、昔ながらの家庭料理を伝え、失われつつある食を掘り起こした功績が認められたということである。

土井勝は一九二一（大正十）年、香川県綾歌郡国分寺町（現高松市）で生まれた。柔道家だった父は生後半年で亡くなり、母は子どもを手放しての再婚をすすめる親戚を振りきって、三人の姉と勝を行商の仕事をしながら育てた。朝夕の食事にも手を抜かず、勝が起きるといつも割烹着姿で台所に立っていた。母と春に摘むよもぎ、山で遊びながら食べる桑の実やたけのこ、川のモクゾウガニなど四季折々の自然の産品を味わいながら育つ。

小学校三年生のとき、一家は大阪へ移り住む。母が近所の人に、この子は「将来火と水を使う仕事をしたらいいと思う」と言った言葉を胸に、食いしん坊の勝は一九三五年、十四歳で堂ビル割烹学院という料理学校へ進学する。やがて戦争が始まり、「料理でご奉公したい」と一九四二年に海軍経理学校に入る。海軍は、海上や上陸地など日本と異なる環境で暮らす必要があり、豆腐などのつくり方、野菜の栽培、牛や豚を飼って解体するところから料理を学ぶ。

海軍では、長い海上での生活を健康に暮らすためにも、明日の命も知れぬ身に喜びのひとときを持つうえでも、食事の重要性が認識されていた。この経験をもとに、土井は日常口にする家庭料理も、家族の命を預かるものだとくり返し伝えた。

最後まで前線に出ることはなかったが、二度出撃を免れている。一度目は所属するはずだった隊が玉砕した南方への出撃、二度目は戦艦大和。戦後、「国民が心身ともに健全に暮らせる社会に少しでも貢献」することで仲間を供養したい、と心に誓う。

陸上選手でもあった土井は戦後まもなく、運動会のために呼ばれた大阪・泉州の村と縁ができ、料理講習会を開いたことをきっかけに、料理講師としての道を歩み始める。一九五三年十一月、助手だった信子との結婚と前後して二人で大阪市東成区深江で関西割烹学院を設立。十二月にはＮＨＫ大阪放送局で初のテレビ出演。料理研究家、土井勝の活躍が始まる。

高度成長期、料理教室に通う女性は多く、土井勝料理学校と改めた教室はどんどん大きくなり、最盛期は大阪や神戸、東京に六校を開く。テレビの出演はとぎれることなく続き、レシピ本の依頼も相次ぐ。二男一女に恵まれ、母がそうしてくれたように、限られた子どもたちとの時間も大事にしながら第一線で活躍を続ける。

## おふくろの味

料理学校、栄養学校、海軍経理学校とさまざまな場で専門的に学んだ土井だが、つくる原点は割烹着姿で朝夕台所に立つ母親の料理にある。昔ながらの家庭料理を、「おふくろの味」と言い始めたのは、土井である。

料理のコツを記した『おふくろの味』（土井勝、土井信子、創元社）のまえがきに

「『おふくろの味』という言葉は、もう十年も前から私が使いだしたもので、八十五歳で元気でいてくれる母が、今もつくってくれるおそうざいに、全く魅了されて、ついうかうかと人さまにも話しかけた言葉でした」とある。

一九六七年に出た同書にはところどころ、土間時代をうかがわせる記述がある。「魚の焼き物」には、「今の時代に、炭火で焼きなさいとは申し上げません」とあり、塩昆布のつくり方は「落しぶたをしてトロ火で八時間以上コトコトたきます（中略）昔ながらの練炭を使うほうが失敗がありません」とある。七輪が台所から消える転換期だった。「今どき」の風潮を嘆く言葉も挿入されている。「『ヒジキって、なあに』とたずねる若い人が意外に多いのにおどろきます」「栄養価の高いこの食品があまり食べられないのは、『もどしてから使う』という、めんどうさが原因だとか」。若い主婦が料理をめんどう、と手間を惜しむ風潮は、このころから始まっている。

「煮魚の秘けつ」には、「魚を焼いたり揚げたりしたのは食べても、煮魚は大きらいという人があんがい多いようです」とある。煮魚に人気がないのは、煮方が下手だからではないか、と指摘したうえで、煮立っている中に魚を入れる、中火で煮る、落しぶたをするといったコツを紹介する。

家庭の和食は難しくはないが、ちょっとしたコツがいる。母親が料理する姿を見、手伝った経験が少ない昭和育ちは、体で覚えるより理屈が先に立つ大人になって料理を覚えようとするから、細かい技が煩わしく思えるのである。

また、便利な時代になると、すぐに結果が出ないものを人は敬遠する。例えば「おふくろの味」で定番の煮ものは、しばらく待つという辛抱が必要である。それでも、自分を下手だと思えるのは、上手な結果を知っているからである。その味を舌が覚えている。そんな人たちに、土井が伝えようとした家庭料理の技は、根気と注意深さにその真髄がある。本当においしく食べたいなら、手間を惜しんではならない。そして、旬のなるべく新鮮なものを使うことも大事なポイントである。

春のえんどう、たけのこ、ふき、鯛、サヨリ、ハマグリ。夏の枝豆、そら豆、とうがん、とうもろこし、ウナギ、キス、タコ、ハモ、アユ。秋の栗、さつまいも、かぼちゃ、さといも、松茸、サンマ、サバ。冬は大根、にんじん、白菜、かぶ、カキ、甘鯛、カニ、ブリなどの料理が紹介される。

不便だった時代には、季節のものをとことん味わい尽くす喜びがあった。

土井の喜びの原点は、一九七九年のレシピ本『土井勝　おふくろの味』（講談社）に、エッセイとして記されている。たとえばたけのこ料理のページ。

「私のふるさと高松の実家の裏山に見事な孟宗の竹林があった。私は朝露を踏んでたけのこ掘りに走った。六才頃だったと思う。子供心に私はたけのこを傷めてはいけないと思っていた。だから素手で掘る。黒土はやわらかくふんわりしていた」

茹で方に続いて紹介する料理は、「たけのこの直がつお煮」「たけのこと大豆の煮もの」「たけのこの粉節煮」「たけのことわかめの煮もの」「たけのこごはん」「若竹汁」「姫皮のごまあえ」である。

秋は松茸。今は高級品だが、山里に住む人たちにとって珍しくもない秋の食材だった時代を土井は知っている。大阪府下の女子青年団で料理を教えていた戦後まもなくのころ、生徒たちに集めさせ、焚き火で蒸した松茸の味と香りを綴る。

失われたのは、季節の恵みが身近な環境だけではない。『土井勝の家庭料理』（家の光協会、一九七九年）には、冒頭に包丁の扱い方が紹介されてレシピページが始まる。「イカの照り煮」「キントキマメの甘煮」、魚の煮汁を活用する「うのはなの煮もの」「野菜の白あえ」など、あまり食卓にのぼらなくなった料理がある。「おばあちゃんの料理だ」と懐かしがる世代も、中高年である。

土井の後半生は激動の昭和の中にあった。割烹着を着た母親たちがつくり上げた温かい世界を、学んだ技と積み重ねた実績を生かし、残そうと努力を続けた生涯だった。

## 息子、土井善晴の料理

一九九五年、土井勝の集大成となるレシピ本が出た。『土井勝　日本のおかず五〇〇選』（テレビ朝日）。全編カラーの美しい本の料理写真は、料理写真家の第一人者、佐伯義勝が撮影している。

「かれいの煮つけ」に「あじの南蛮漬け」「さばの味噌煮」「きゅうりとたこの酢のもの」「焼きなす」「里いもの煮もの」といった定番料理もあれば、ひな祭りのちらしずし、おせち料理などの行事料理、「えびの黄身和え」、甘鯛の「おろし蒸し」「かぶら蒸し」、ハモの骨切りをしたうえでつくる「ぼたんはもの吸いもの」といった料理屋の料理のような難易度の高いものもある。

技のすべてを伝える百科事典のような本の完成を待たずに、土井は七十四歳の生涯を終えた。最後の仕事を企画したのは、料理研究家の次男、土井善晴である。

善晴は一九五七（昭和三十二）年生まれ。子どものころから父の仕事に興味を持ち、

ＮＨＫのスタジオへもついていった。料理人になろうと合わせて三年、スイスやフランスのレストランで修業する。二十代半ばで帰国し、大阪の「味吉兆」という日本料理店で修業。その後父の仕事を手伝い、料理研究家として教え始める。一九九二年、東京に「土井善晴おいしいもの研究所」を設立。テレビや雑誌、書籍などで幅広く活躍、家庭料理を教えている。

プロの世界で修業した善晴は、物事を突き詰めて考える性格もあり、外で食べる料理と家庭料理は何が違うか、おいしくつくるためには何が必要なのかを論理立ててわかりやすく解説する。外食・中食といったプロの味を基準にする女性がふえた平成の事情を反映し、家庭料理ならではの魅力を伝えようと腐心する。

たとえば『土井家の「一生もん」2品献立』（講談社、二〇〇四年）ではまえがきで、いくつかの重要なポイントを示してみせる。

「レシピ本や雑誌の料理ページを見ると、『主菜』と『副菜』が混ざったような料理が今は多いですね。肉も野菜も入った、たとえば炒め物のような『ワンディッシュおかず』をひとつ作れば、食事のしたくがラクだと考えるのでしょう。

でも実はそういう料理は高度よね。材料が多くなれば火の通り方も違うわけで、そういう料理は本当は難しくなるんです」

「かつお節をたっぷり使った濃いだしをとれば、おいしい料理が作れると思うのは間違いですよ。（中略）濃いだしは、味つけも濃くしないと味のバランスがとれません。そういう料理、そういう味は、ハレの日にたまに食べるからこそおいしいもの。毎日では飽きてしまうし、胃が疲れてしまって、からだにもやさしくない」

情報に踊らされ、本質を見失いがちな私たちの思い込みを鋭く突く。そんな土井善晴が推奨する「家庭だし」は、「だし昆布、かつお節、水を同時に鍋に入れて、中火以下で煮立てる」だけ。琥珀色になったらかつお節と昆布を引き上げて完成する。こんな簡単な出汁なら、味噌汁も煮ものもすぐにつくれそうだ。

同書にある土井善晴の肉じゃがを紹介しておこう。

牛肉、じゃがいも、たまねぎ、下茹でしたしらたき、青ねぎを切る。
少量の牛肉を中火でよく炒めて鍋全体にうまみを移す。
じゃがいもを炒め、表面に透明感が出てきたら、たまねぎ、しらたきを加え、残りの牛肉をかぶせる。砂糖、酒を回しかけ、ふたをして中火以下で約十分間蒸し煮する。

醬油を加え、ふたをしてさらに十五分ほど煮る。途中で肉をほぐして全体に味を行き渡らせる。

竹串がすっと通るほどじゃがいもが柔らかくなったら青ねぎを加えて火を止める。

小林カツ代のレシピのように単純ではなく、手間がかかると思う人もいるかもしれないが、押さえるべきポイントがはっきりしていて、間違いがない。土井は、密閉できて火の通りが早いと流行のル・クルーゼの鍋を使う。ブリの照り焼きはフライパンを使ったレシピを伝える。今を生きる料理研究家として、時代に受け入れられる方法を使う。あまり好まないと言いつつ、樹脂加工のフライパンを使う場面もある。

時代の空気を読みつつ、ていねいだが簡単でおいしい料理を教える善晴がこだわるのは、父と同じく料理を支える日本の風土だ。

二〇〇〇年に巻き起こったスローフードブーム以降、「おばあちゃんの知恵」が見直されている。乾物料理や保存食、昔ながらの方法でつくられている調味料、地方再生をかけた地産地消ブーム、在来野菜など食文化の再発見が続く。父が残そうとした昔ながらの食文化が今は注目される。

しかしそれは、地に足がついた自分たちの生活ではなく、憧れの世界である。その時代に日本の風土を伝えるには、フィクショナルな物語性を必要とする。善晴が二〇〇九年に出した『日本のお米、日本のご飯』（講談社）を見てみよう。

ご飯の炊き方、「おむすび」、すし、丼、茶漬けなどのコメ料理に特化したレシピを紹介するこの本は、同時に美しい田んぼの写真を入れた、コメ文化のイメージを伝える本である。写真ページには、次のようなキャッチコピーが配される。

「山からの湧き水が、田んぼに満ちる。だから、お米が日本の主食になった」

「米づくりは、自然と人と神との共同作業。その尊いご飯を、私はもっと大切に味わいたいと思うのです」

農業に従事する人が大半だった時代、村の年中行事はコメとともにあった。田植えを祝う田楽で春が始まり、収穫を喜び翌年の豊作を願う秋祭りで田んぼ仕事が終わる。正月の準備で搗《つ》いたもちで冬を越す。収穫したコメの大半は、都市住民や上流階級の口に入るが、生産者である村の人々にとってはめったに食べられないごちそうだった。人々は主食を炊いた「ご飯」を楽しみ、白いご飯に憧れた。そのご飯を中心におかずは組み立てられた。父はそのおかずの継承と発掘に力を注いだが、それも難しくなった現代、息子はせめて中心にあるべきコメ文化の大切さを伝えようと努力する。
そんな土井親子の試みは、どのような種を人々の生活に播いているのだろうか。

## 庶民派の村上昭子

私が十代だった一九八〇年代、土井勝は料理研究家の第一人者で、家庭料理といえば土井勝と評判だった。しかし、その正しさ故に反抗期の私はあまり関心を持てなかった。今回、改めて調べてみて、家庭料理の伝承に尽くした人生や手抜きのないレシピに感動すると同時に、重苦しさも感じた。隙がなさ過ぎる。包丁技からハモの骨切りまで教えられると、自分の料理技術の問題点を見つけてしまいそうで、腰が引ける。

土井勝・善晴ともに、教える料理は、行間からおいしそうな雰囲気が伝わる。分量もプロセスもきちんと従えばおいしい料理ができそうだし、善晴の明快な解説には膝を打つことも多い。だが、きちんと守る難しさも感じる。めんどくさいと言えば叱られそうな雰囲気が怖いのである。

土井親子にないものが、一九二七（昭和二）年生まれで二〇〇四年に亡くなった村上昭子の本にはある。着物に割烹着姿をトレードマークにした村上には、自ら任じたおふくろイメージが終生ついて回った。何しろ彼女自身、一人娘を育て上げ、料理研究家となった娘、杵島《きじま》直美の家族と同居するおばあちゃんだった。正真正銘のおふくろだから、スムーズにその役割を理解できる。

彼女の経歴も、包容力のある雰囲気を形成するのに役立った。村上が育った家は東京・目白の呉服屋で両親ともに仕事で忙しく、母親は料理をあまりしなかった。お弁当をつくり、面倒をみてくれたのはお手伝いの女性である。

村上昭子（提供・朝日新聞社）

女学校時代に、学徒動員で働いた工場で体を壊して、両親の田舎、新潟県に疎開する。一九四五年、中央公論社の嶋中雄作社長らが設立した国民生活学院に入り、家事評論家の吉沢久子と出会う。吉沢が結婚し子育てに没頭する村上を、NHKの番組で教える料理のアシスタントに起用したことがきっかけで、料理研究家となる。

その村上が熱心に行ったのが、郷土料理の発掘である。村上のレシピには、伝承されてきた全国各地のおふくろの知恵が入っている。

得意料理から取った自称「煮物女」は、梅干しや糠漬け、たくあん、各種煮ものを紹介した『村上昭子の煮もの・漬けもの大全科』（グラフ社、一九九六年）など、終生家庭料理の伝承に努めた。その語り口は優しい。

一九八四年に出した『亭主好みのおふくろの味』（主婦の友社）は、煮ものや酒の肴、乾物料理などを紹介するレシピ本である。

「煮物って、だしをとるのがめんどう」

「野菜の煮物は、肉を加えるとだしを使わなくてもじゅうぶんおいしくできるわよ」

という会話を模したリードで紹介されるのは「いり鶏」「鶏肉とかぶの含め煮」「鶏肉と切りこぶの煮物」「つくねと野菜の煮物」「豚バラ肉と大根のべっこう煮」など。もちろん肉じゃがのレシピもある。村上のつくり方は次の通り。

じゃがいもは切って面取りし、にんじん、たまねぎ、下茹でしたしらたきを切る。鍋に油を熱して牛肉と半量のたまねぎを炒め、肉の色が変わったらしらたきを入れて一炒めし、じゃがいもを加えて全体に油が回るまで炒める。

水をひたひたに注ぎ、にんじんを加え、煮立ったら火を弱くしてアクをすくいながら三〜四分煮て、醬油、砂糖、みりん、酒で調味する。
再び煮立ったら残りのたまねぎを加え、約十五分煮る。煮汁が八分通り煮詰まり、じゃがいもが柔らかくなったらグリンピースを加えて鍋を揺すりながら一煮する。

肉じゃがは、シンプルな料理である。しかし、彼女をはじめ多くの料理研究家が苦心して紹介しても、飴色の煮え具合と芯まで染み透った味を出すコツは伝えきれない。私は肉じゃがを満足できる仕上がりにできるようになるまで、十年かかった。煮ものの難しさは、できあがりを左右する火加減や材料を入れるタイミングを、文章だけでは表現しきれないところにある。十年、二十年つくり続ける中で料理は上達する。料理研究家が伝えられるのは、最低限のコツと必要な手順、材料ぐらいなのだ。

しかし少なくとも、この本一冊があれば、「さばのみそ煮」「ぶりのあら炊き」「いかと里いもの煮物」「若竹煮」、きんぴら類、「ひじきの五目煮」「高野どうふの含め煮」「天ぷら」「五目白あえ」「いわしのしょうが煮」といった懐かしい家庭料理をつくるために、何が必要でどういう手順なのかをいつでも学ぶことができる。たとえ母親が和食を苦手としていても、たとえおばあちゃんの味を記憶していなくても。あるいは、居酒屋でしかこの手の料理を食べたことがなくても。

昔ながらの料理が家庭の食卓に並ばなくなり、コメも醬油も味噌も売れなくなってきているにもかかわらず、醬油の茶色がつやつやした料理を好きな人は多い。醬油が売れなくても、醬油を使っためんつゆや出汁の素は売れ続け、居酒屋のつき出しにはこれらの料理が添えられ、漬物はスーパーの棚や土産物屋に並び続ける。親から学ばなくても、さまざまな伝達手段を利用し、人々はこれらの味に舌を慣らし続けている。

つくり方を知りたいと思ったときに、いつでも立ち戻れる原点を、村上昭子は用意したのである。

## （2）辰巳芳子の存在感——辰巳浜子、辰巳芳子

### 食の思想家、辰巳芳子

二〇〇〇年代に一躍注目を浴びた料理研究家、辰巳芳子も和食を教える。しかし、彼女の立ち位置はこれまで紹介したどの料理研究家とも違っている。レパートリーの多さや発想の斬新さで勝負する人ではない。間違っても『オレンジページ』には登場しない。ときどき、『クロワッサン』に登場する。辰巳芳子特集としてだ。どんなレシピを提供するかより、どんな発言をするかで注目を集める人なのだ。

NHKでも何度も特集が組まれる。彼女は、食を入り口に人の生き方、社会のあり方まで視野を広げて発言する。足元にある暮らしを大事に考えてきた人ならではの、鋭く深い言葉が人の心を打つ。〝思想家〟として意見を求められるのである。

二〇一〇年十月十五日に放送された報道番組『特報首都圏』では、「85歳　辰巳芳子〝日々の料理〟を問う」というテーマだった。

この番組は二〇〇〇年代半ば、にわかに食卓の貧しさがクローズアップされたことを

受けて制作されたと思われる。金銭的な貧しさではなく、主婦の料理に対する関心の低さや多忙が原因の不健康な食卓である。コンビニ食や買ってきた惣菜、菓子パン、カップ麵などで済ませる食事。一日三回とらない食事。家族がそろわない食卓。

岩村暢子が続ける食卓調査や、NHKが女子栄養大学と組んで一九八二年に取り上げ、一九九九年に再度行った子どもの孤食問題に関する調査もある。放送された番組は、『知っていますか　子どもたちの食卓』（足立己幸、NHK「子どもたちの食卓」プロジェクト、NHK出版、二〇〇〇年）という本にもまとめられた。

辰巳芳子も、自治体などに協力を仰ぎ、全国約五百世帯を対象にした食卓調査を行った。一週間の食事を聞いたアンケートの結果、毎日三食を食べているのは、わずか二十四・六パーセントしかいなかった。コンビニ食で済ませる人たちも目立つ。

そのうち一人の自宅を訪問した辰巳。三十歳で共働き、多忙な新婚女性である。結婚するまで実家暮らしで料理に慣れておらず、豚のしょうが焼きと味噌汁の夕食をつくるのに、一時間以上かかってしまう。スーパーの惣菜などにも頼る。アンケートで回答したある日の食事は、朝にカレーパン、昼はカップ麵、夜はカレーライス。

「三年は続きませんよ」と叱る辰巳。「人間ってそんな甘くないもの」「命は自分たちの思っている以上に、命のほうがよりよく生きたいのよ。自分の命を本当に尊敬しなければならない。尊敬の表れは食べるべきものを、きちんと食べていくということ」

そして、週末につくり置くとよいものとして、オートミールやそば粉、きな粉などを合わせた辰巳考案の穀物食「スーパーミール」と蒸し野菜、ヨーグルトを合わせる朝食をつくってみせる。簡便さに驚き、「やってみようかな」と女性は言う。

辰巳はこの番組のように、自らの哲学を折に触れて披露する。『かまくら春秋』（かまくら春秋社）で一九八八年から九年間続いた連載をまとめた『味覚日乗』（かまくら春秋社、一九九七年）のエッセイから語録を拾ってみよう。

辰巳芳子（撮影・新潮社）

真心を込める具体例として、お茶の淹れ方を紹介するくだり。

「まずそのお茶をよく観る――自分の知識を集約して理解しようとする。その葉茶を嚙み含んでみるのもよい。その上で法則にかなったたいれ方、たて方を注意深く丁寧に行なう」

また、日本の食文化を語る例として弁当を引く。

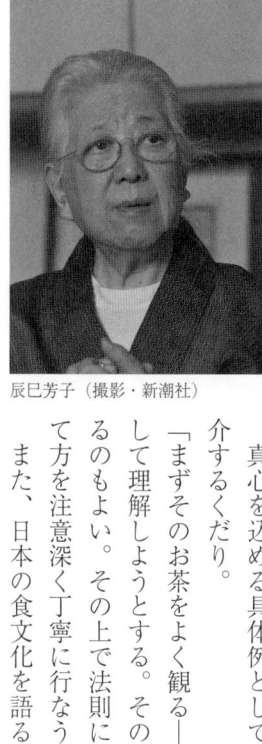

正月料理などでも用いられてきた煮しめは、時間が経ってから食べる弁当にも向いている。

「米飯とパンの最大の違いは、御飯は飲物が少量でも食し易く、パンは倍以上の飲料を必要とします。米飯は腹もちもよろしい。

お菜は醤油、味噌、酒類、梅干しなどで、野菜の煮〆や佃煮が作れ、御飯が美味しい。魚肉類は照り焼き、焼きづけ、味噌漬け、粕漬け。なんと申し分ないことでしょう。

玉子も醤油、味醂のお蔭であの玉子焼きを作り出しました」

冷めて時間が経ってもおいしく食べられる料理文化の豊かさは、他に類がない。最近は、独自の弁当文化がフランスなど外国からも注目を集めている。

辰巳の発言が求められるのは、情報も食べものも豊かになったはずなのに、日々の食事が貧しくなったという危機感を持つ人が少なくないからである。

現代の女性たちが台所仕事を苦痛とするのは、「長い間、日本の社会、家庭の、女性のつとめに対する感謝の念が希薄だったことにも原因があります」とも指摘している。

『AERA』二〇〇五年六月二十日号の「現代の肖像」には、こんな発言がある。

「もう一度、人間らしい心を取り戻すには、心をこめて三食を整えていくこと。それは非常に身近で、誰にでもできる有効な手段なのです」

毎日新聞二〇〇七年四月二十四日の記事では、こう言う。

「食べることは、生きることの一部。呼吸することと等しく私たちの生命の仕組みに組み込まれているものです。生命と呼応するものを調理すべきように作り、過不足なく食べること、これに尽きます」

食は人が生きる根本である、と捉える発言が一貫している。前節で紹介した土井勝もそうだが、和食を紹介する料理研究家が命の成り立ちまで思いを至らせることができるのは、それが生まれたときから慣れ親しんだ自らの文化だからだろう。

## 食文化と環境問題

辰巳の射程は環境問題、政治にまで届く。

『別冊太陽』（平凡社）の『辰巳芳子の家庭料理の世界』（二〇〇二年）では、一九六四年ごろから、住んでいる鎌倉の近くの海で穫れる貝の異変に気づき、食が社会的な問題をはらむことに気づいたと書く。一九九六年には、「品質が優れ、おいしくて、安全で、地域としっかりしたつながりをもつ食材」を発掘し、紹介する「良い食材を伝える会」を立ち上げた。昔ながらの食文化を守ろうというイタリア発のスローフードブームより四年も早い。その目的を述べるくだり。

「個人で栄養のバランスを考えて食べていればいい時代は終わったのです。これからは、台所に立つ一人ひとりがもっと広い視野で食を見つめ、問題意識をもち、行動していかなければいけないのです。おいしくて安全なものを、信頼できる生産者から買う姿勢を私たちが示していくだけでも、きっと日本の食を取り巻く環境は改善されることでしょう」

同じ記事でこんな発言もある。

「人間は胃袋を握られてしまったら、どんな要求でものまねばならない事態に陥ります。もちろん、食品の輸入を否定するつもりはありませんが、しかし国民の食を最低限満たす程度の食料は、自国でまかなうのが望ましいのではないでしょうか」

二〇〇四年には、小学校で児童が大豆を播く「大豆100粒運動」を始めた。『辰巳芳子のことことふっくら豆料理』（農文協、一九九一年）という著書を執筆した折、「人類は豆に頼らなくてはならない時が来るのではないか」（『この国の食を守りたい』筑摩書房、二〇〇九年）と考えたそうである。

大豆は栄養バランスに優れ、長期保存ができる。醤油や味噌、豆腐の原料である。日本の食卓に欠かせないこの豆の自給率が五パーセントしかない現状を、草の根から変えていこうという運動である。

その辰巳が、食文化伝承のために必要なことを、『別冊太陽』の中でこう書く。

「二十一世紀に心がけていただきたいのは、料理のみならず地域食材の伝承である。食材が衰えると、料理は消える。本来の姿、味で伝えられない。日本の専門料理界は、こぞって食材の維持に関心をもち、無私な奉仕で実力を投じねばならぬ。

とくに種子を守らねばならぬ」

スローフードブームはブームを超え、食の根本を見直すさまざまな動きを生んでいる。注目されている食の一つが、種を受け継ぐことで守られてきた在来作物。関心が拡大するのは、二〇一三年ごろである。

豊かさはいつまでも続かない。しかし、貧困を避けるためにできることはあるはずだ。そのために何をすべきか、辰巳の意見を聞きたい人は多い。

## 四季の恵み

辰巳芳子がメディアで紹介される際、よく出てくるのが鎌倉の家の美しい庭である。辰巳はここで野菜や果樹を育てて日々の料理や保存食づくりに使い、冬は風を利用して乾物や生ハムを仕込む。季節を楽しみ、その恵みをいただく姿が絵になる。

和食を中心に伝える料理研究家は必ず四季の食材とともに料理を紹介する。早春はふきなどの山菜料理、春に採れるたけのこの茹で方、貝の料理、初夏のグリンピースやそら豆、夏のなす、トマト、枝豆、秋のサンマ、松茸、さつまいも、栗、晩秋の大根、れんこん、冬のタラ、百合根、白菜。

年中トマトやキャベツが並ぶスーパーで買い物をする人も、たけのこや枝豆、なすを喜び、春のいちごに秋の栗といった季節の果物を使ったスイーツを楽しむ。桜が咲いたと花見に行き、紅葉がきれいだと旅行に出かける。辰巳の美しい自然に囲まれた庭は、そんな季節の変化を愛する私たちの心に訴えかけてくる。

象徴的に取り上げられるのが、一年かけて行う梅仕事である。梅仕事とは、年間を通じた庭の梅の世話と、六月に収穫し、梅肉エキス、梅酒、梅干し、煮梅、梅ジャムをつくることである。熱い火と向き合う重労働の梅肉エキスづくりも、優れた薬効を持つが商業ベースに乗りにくいからと続ける。梅干しは、料理の材料にする。

辰巳は、季節を感じさせる薬味や汁ものに浮かべる吸口などに使う植物を愛する。柚子や木の芽、ねぎなどを汁ものに添え、よもぎ麩をこしらえる。みょうがは汁ものに浮かせたり、しば漬けの材料とする。鮎につきものの蓼酢《たでず》は、蓼の葉をみじん切りにして、ご飯粒を少々加えてすり、塩と酢で調味してつくる。

幼いころに祖父が味わわせてくれた柚子の記憶を持つ辰巳は「柚子、山椒、わさびは、風土が産んだ類のない香辛料と思います」（『味覚日乗』）と書く。しかし、その風土が失われてきていると、『別冊太陽』で述べる。

「日本の薬味、吸い口の使い分けは、ほとんど崩壊しかかっているのではないか。食文化の低い地方にかぎって、料理に酢の用い方を知らず、香りのものも乏しい。酢も香りである。薬味や吸い口が使いこなせないのは、文化を疑われ恥ずべきことなのである」

厳しい言葉を使う。これらの食材がなくても食事はできるが、あると香りを楽しみ、季節を堪能できる。文化的行為なのである。私たちが経済大国にあって豊かさを実感できないのは、このような風土と結びついた文化を軽視してきたからではないか。

もちろん、叱るだけが辰巳の仕事ではない。たとえば、下ごしらえした食材をさまざまな料理に使う「展開料理」を提唱する。その技術を伝える『辰巳芳子の展開料理　基礎編』『辰巳芳子の展開料理　応用編』（共にソニー・マガジンズ、二〇〇九年）というレシピ本もある。

展開料理のアイデアは、『別冊太陽』にも紹介されている。

それは例えば、戻すのに時間がかかる干ししいたけをまとめて含め煮にしておき、丸ごと「煮しめ」「うま煮」「治部煮」「がめ煮（筑前炊き）」に使い、薄切りして「五目ずし」「炒り豆腐」「おから」「炊き込みご飯」「大徳寺なます」「中華風サラダ」などに使うという提案である。

出汁を引く際に、二杯酢、三杯酢、八方つゆをつくっておこうと提案する。

仕事から帰って料理する人こそ、展開料理をと言う。それはつくり続けるためである。

自分の手でつくったものを食べるためである。

『辰巳芳子の展開料理　基礎編』のまえがきで、辰巳は手づくりの料理を食べた人と、その営みを疎かにした人では体が違うと書き、次のように続ける。

「私は、暮らしという実体の積み重ねを生活と考えます。『展開料理』という呼称は、生活の実体を分析し、『つくる・食べる』という前記の根源を容易に生きてゆこうという方法論です」

実践に基づく発言は重く、説得力がある。

## 「いのちを支えるスープ」

辰巳芳子が一躍注目を浴びるようになったのは、二〇〇二年に出した『あなたのために　いのちを支えるスープ』（文化出版局）がきっかけである。このレシピ本は、父が一九七二年に脳血栓で倒れた後、八年間に及んだ介護でつくり続けたスープが元になっている。最初は、料理研究家だった母、辰巳浜子の提案だった。しかし、母は一九七七年、父よりも先に逝く。

その後、一九九六年にスープを教える教室を開き、誘われた文化出版局の編集者、土肥淑江が編集しこの本は生まれた。

大きな文字と二段組のレシピ本は、高齢者でも読みやすい。必要に迫られた誰もが使えるように、と工夫したことがわかる。そして、嚥下障害に苦しんだ父が口にできたスープは、どれも手がかかっていて、滋養に富む。

辰巳は、病院などにもこのスープを提案していく。しかし、自分が死ぬと、受け継ぐ人がいないことに気づいて本にした。辰巳には二人の弟がいて、彼らには子どもがいるが、料理研究家はいない。辰巳自身は、一九四四年に十九歳で結婚したが夫はまもなく出征して戦死している。二十五歳から四十歳まで結核で療養生活を送った後は独身で子どもはいない。

同書で紹介される半分が出汁をもとにした和の汁もの、半分が洋風のスープである。辰巳が料理研究家になったのは結核が治った四十歳のとき。イタリア・ローマに一カ月留学して料理を学び、十三年間フランス料理の料理人、加藤正之に指導を受けた。加藤は大正時代から昭和初めにかけて宮内省大膳寮で仕事をした人である。スープと野菜で十四年修業した師は、食事の最初に摂るスープを何より重視していた。

最初に紹介されるのは、何人もの最晩年を支えた「玄米スープ」である。材料は無農薬・有機栽培の玄米、天然昆布、無農薬・有機栽培の梅干し、水。玄米を洗って約六時間ざるにあげ、炒る。ほうろうのポットに炒り玄米、昆布、梅干し、水を入れて中火にかけ、煮立ったらふたを少しずらして煮立つ程度に火を落とし、三十分ほど煮て漉す。

日本人が食べ継いできた滋養の高い安心な材料だけを使っている。病気で体力を奪われた人にとっては、食べることすら激しい運動となる。しかし、このスープなら口に含むことができるかもしれない。

もう一つ、本書の代表的な料理が、テレビ番組などでも紹介された「ポタージュ・ボン・ファム」だろう。「このスープの性格は、老幼男女、病弱の方、人生のあらゆる局面を守りうる包容力である」と紹介される。

レシピの特徴がわかるポイントだけ簡単に紹介しておこう。

たまねぎは薄切り、じゃがいもは一センチほどのいちょう切り、にんじんは五ミリ幅の小口切り、セロリは三ミリ厚さの小口切りにする。

たまねぎを蒸し炒めし、残りの野菜、ローリエを加えて火を通す。

ブイヨンを注ぎ入れ、塩を加えて柔らかくなるまで煮る。

ミキサーにかけ、裏ごしする。鍋に戻し、ブイヨンと牛乳を加え塩で味を調える。

ここで使うブイヨンは、もちろん市販のコンソメスープではなく、別ページに載った鶏の首骨、手羽先と香味野菜などで手づくりしたものである。

二つのレシピからわかるとおり、これらのスープはお金と手間がかかり注意深く正確につくれる技術を要する。大切な人が病に倒れたとき、幼く、あるいは年をとって食が細い人向けに役立つ。安く手間をかけない「今日の晩ご飯」のアイデアを求めている人が、おいそれと活用できるものではない。

辰巳芳子自身も高齢である。一九二四（大正十三）年、東京生まれ。父は加賀藩主前田家の家臣だった家系の長男で、芳子は内孫の最初の子だった。幼稚園から聖心女子学院に通い、高校二年生のときにキリスト教の洗礼を受ける。

辰巳は料理の雑味を好まない。なすを油で焼いてアクを封じ込める。しいたけで牛肉の臭みを抜く。大根のニオイをコメでとる。もちろん魚もさまざまな方法で臭みを抜く。前述のように、香りのある吸口などを好む。純粋な味と香りを求めるのは、幼いころから手をかけて下ごしらえした料理を食べてきたからだろう。

母・浜子は限りない愛情で夫に尽くし、子どもたちを慈しんだ。大倉鉱業（現大成建設）に勤める父も娘を愛した。娘の芳子は、料理は愛であると考える。だからこそ病人に負担のない、しかし介護する者にとっては負担の大きいスープづくりを続けることができた。それだけの愛情を親子が育ててきたからである。

愛の結晶であるスープを、教室を通して、レシピ本を通して、また病院などに働きかけて広く社会に伝えようとするのは、キリスト教の博愛精神に基づいているように思う。

日本が近代化する過程で、社会福祉向上に大きな役割を果たした人には、キリスト教徒が多い。明治の言論人、徳富蘇峰。労働運動から神戸購買組合（現コープこうべ）をつくった賀川豊彦。倉敷紡績（現クラボウ）の経営者で大原美術館などの社会貢献事業を行った大原孫三郎。キリスト教系の私学創立に関わった人々もいる。そういう学校で辰巳芳子は学んだ。また、母の浜子もキリスト教系の香蘭女学校で学び、洗礼を受けている。

辰巳のスープは、「この食べものが命を支えますように」という祈りなのである。辰巳自身、結核を長年患った。良い食材を求める活動を続けるのも、化学的な物質を体に入れる困難をよく知っているからかもしれない。そしてきちんと愛情をかけてつくったよいものを食べていれば、心が荒むことはないはずと信じる。その根拠はおそらく、人生の困難なときに両親、特に母から受けた深い愛情にある。

同書には、結核のころのエピソードも紹介されている。蒸し暑い盛夏、食欲が衰えたときに母が「これなら食べられるだろ」と出してくれたのが、「あわびのやわらか煮のにぎり」と「酢どりしょうがの細巻き」。それをおいしく食べた芳子は、「母の満足気な笑顔が、今も目に浮かぶ。母は『食べつかせ』の名人だった」と振り返る。

料理は愛情とよく言う。その言葉が当てはまらない料理も世の中にあるし、愛を込めなくても食べるものはつくれる。しかし、本当に滋養があり、精神をも養うものをつくるには、食べる人を思いやる愛情が必要なのである。

## 母・辰巳浜子

母の辰巳浜子は、一九〇四（明治三十七）年、東京の神田で生まれた。父は会社員。仕出し屋を営む母方の祖母が幼い浜子をかわいがっていた。この祖母が教えてくれた食べものが、料理研究家の基礎をつくった。神田警察の近くに店があった縁で囚人用の弁当もつくっており、祖母はよく「こういう人にこそ、力をつけてやらなくちゃいけないんだよ」と言い、周辺に住む苦学生がただで食べられる料理も用意していた。

父の転勤で小学生時代は中国・漢口に住んだが、十二歳で帰国。十四、五歳になった浜子を祖母は河岸《かし》へ連れて行き、産地ごとにみかんを味わわせて違いを体得させた。ほかにも大根の種類と用途の違い、魚の旬と良否の見分け方など、ひと通り教えた祖母は、浜子が十六歳のときに五十九歳で亡くなった。

成長した浜子は自然に台所に立つようになり、女学校へ持っていく弁当を自分で詰めるうちに、きょうだいの弁当づくりも任されるようになる。三世代同居で浜子のきょうだいが五人、書生や女中も入れて十三、四人の大所帯で、母親は大変な量の家事を背負っていた。長女の浜子が手伝うのは自然な成り行きだったのである。

家族揃って食いしん坊だった。一九一六（大正五）年、のちに東京都庭園美術館となった朝香宮邸に近い品川区長者丸へ移り住んでからは、おやつの店がないと言って下町から取り寄せた。当時、そのあたりは「草ぼうぼうの未開地で、目黒火薬庫の草むらから、戸惑ったたぬきが出てきた」と、『まごころの人　辰巳浜子』（辰巳芳子編、文化出版局、二〇一一年）に浜子の回想が収録されている。

この長者丸の家の近所に住んでいたのが、のちに結婚する辰巳芳雄である。七歳年上の幼なじみを浜子は慕った。芳雄は一九二四年、大倉土木（現大成建設）に就職する。この年、浜子は十九歳で辰巳家に嫁ぐ。

舅が妻に先立たれて三度結婚したため、辰巳家には腹違いの姉たちがいた。家風を重んじ、人間関係の複雑な家に嫁として入った浜子は、かわいがってくれる舅と信仰が頼りの苦しい年月を過ごす。その中で生まれた長女の芳子、続けて産んだ二人の息子を、浜子は慈しんだ。まもなく戦争の時代に突入。愛する夫は一九三七年に出征し、翌年病を得て兵役免除となったが、その次の年には名古屋へ転勤する。

食糧不足に苦しんだ戦中戦後、浜子は玄米のもち米でつくったもちを揚げ、味噌汁に仕立てて勤労奉仕に行く息子たちに食べさせた。小麦粉は保存できるパン、カンパーニュにした。乏しい材料からも、体を養うおいしい料理を思いつく才能を持っていた。

浜子の知恵は、戦後すぐ東京の家へ戻ってからも発揮される。敗戦間際に会社から満州へ転勤させられた夫は行方不明となり、給料ももらえない生活の中で庭に畑をつくる。自宅で予約制の料理屋を開き、また頼まれてダンスパーティのためのサンドイッチをつくる。料理の腕で生き延びたのである。

戦地へ向かった息子たちは無事帰り、敗戦の翌年夫も帰る。亡くなったのは娘・芳子の夫だけだった。

浜子の尽力で家に戻った芳子は、父が仕事から帰宅して「今夜はなんだ」と聞くと、必ず弾んだ声で「なんでも、あるわよ」と答えていた母の姿をよく覚えている。食べるものの調達に苦労した時代に、母の明るさが家にどんなに喜びをもたらしたかを、くり返し書いている。

来客の一人が、浜子の糠漬けを気に入り、婦人之友社に伝わったことから、最初のレシピ本『手しおにかけた私の料理』が一九六〇年に出て、料理研究家としてデビューする。糠床は、浜子が祖母、母から受け継いで大切に守ってきたものだった。

### 明治生まれの知恵

辰巳浜子は、NHKの『きょうの料理』で料理以前の心構えを説いた一九七二年の「台所入門」というシリーズで人気を得た。この番組でレギュラー講師となったのは一九六三年で、すでに五十九歳だった。

姑が嫁をしつけるようだったと形容される「台所入門」では、「包丁とまな板」「ふきんとさい箸」「鍋と火加減」など料理以前の基礎を教えた。このことから、母の浜子も他の料理研究家と立ち位置が異なっていたことがわかる。

このシリーズは、番組で最初の初心者向け企画で、その後はくり返し初心者向けの企画があり、やがて二〇〇七年スタートの『きょうの料理ビギナーズ』へと続く。今は料理の基礎を知らない人がいることは周知の事実だが、昭和半ばごろまでは、家庭でしつけられているのが当然と思われていた。ところが実は一度も台所に立つことなく結婚する女性が少なくないことを、少し前からNHKはつかんでいた。明るさと厳しさを持つベテラン主婦としてブラウン管に登場した辰巳浜子は、姑役として打ってつけだった。

すでに夫の名古屋勤務は終わり、一九五六年から鎌倉に住んでいた。浜子は、名古屋時代に一時疎開をした際に覚えた畑仕事を庭で実践し、梅、しそ、蓼、柚子、いちご、青野菜、たけのこなどを自給した。一九六二年から六年間『婦人公論』で連載し、一九七三年に単行本化された『料理歳時記』（中央公論社）には、季節をいとおしみながら料理する日常が綴られている。たとえば「食べられる野草」というタイトルのエッセイに、こんなくだりがある。

「私はこの野菜端境期の切り抜け策として、戦中戦後の経験を生かした家庭菜園に加えて野草を愛好しています。土さえあれば育ってくれ、踏まれても、蹴られても、しっかり根を張ってたくましく育つ食べられる野草を、手当たり次第可愛がってふやし育てています」

料理研究家となっても「私は主婦よ」と言い続けた浜子は、探求を怠らぬ一流の主婦だった。彼女の料理は、一年三百六十五日、何十年とくり返す食事の支度で研究を重ね、見出した手間と知恵に特徴がある。

処女作『手しおにかけた私の料理』は最初に出汁のつくり方が紹介される。浜子の一番出汁は次のようにとる。

昆布は一時間前に水に漬けておく。

中火の強ぐらいの火にかけ、昆布に小さな泡がつき、ゆらりと揺れ始めたら火を弱める。間に味をみながら、できるだけ材料の滋養とうま味を引き出す。

昆布を取り出し、鍋に盃一杯ぐらいの水を加えて温度を下げ、かつお節を鍋全体に広げるように入れる。いったん沈んで浮いてきたところで味をみて、漉し器で一気に漉す。

一部省略したが、説明の仕方は原文に従っている。集中力が求められるつくり方である。そしてこのとおりにきちんと実行できれば、おそらくとてもおいしい出汁が取れる。漫然と台所仕事をこなしてきた人とまるで違うことが、伝わってくる。

しかし、ただ手間をよしとする人ではない。つくり方に先立つ「だし仕事」という項目では、「家事は家庭を持つものにとっても、持たぬものにとっても、生活の基盤であり、その管理は、生命を管理することにひとしいのであります。家事の中の台所仕事は、一日も休むことのできぬ、必須仕事です。ですから、何よりも台所仕事は、計画的、組織的に行わねばなりません。計画性をともなわぬ台所仕事は、際限がないという重荷となります」と書き、つくった出汁を二杯酢、三杯酢、八方つゆにすることをすすめる。日々の料理を疎かにしてはならないと説く辰巳芳子を育てた人だとよくわかる。同時にこの親子が、主婦だけを教える対象にしていないことも伝わる。

浜子が伝えようとする知恵を、いくつか紹介しよう。煮崩れやすいなすは、ごま油で焼いて味噌汁に入れる。煮魚は「それぞれの魚の癖を知って、魚の状態を見て、処理をすればよい」と書き、カツオ、サバなどの青魚は醬油や砂糖を濃くする。鮮度のよい白身魚は昆布出汁、酒、醬油、みりんで煮上げ、木の芽やしょうがのみじん切りを添える。祖母から教わった魚の見分け方が生きている。

一九六九年に出した『娘につたえる私の味』では、随所に独自の知恵が光る。たけのこの下茹でのために糠を買わなくても赤トウガラシだけでもよい、自己消化が早いタラの臭みは細かいうろこにあるとし、包丁の先で丹念に取る方法を紹介する。三月の野菜の端境期にと、「新わかめの酢のもの」「わかめと貝類のぬた」「ひじき白あえ」などの海草料理をすすめる。

白和えは、祖母が亡くなった後の精進落としで初めてつくって褒められた。しかし、できあがりにひっかかりを感じ、にんじんの切り方などを幾通りにも変えて研究し、自分なりに見出したレシピである。

和えものは、芳子にとっても特別な料理で、『味覚日乗』にそのエピソードがある。

「私がローマから帰った頃だったと思います。母は私に、『日本料理の中で世界に誇れるものは、何と思ったか』とたずねました。私は勉強の日々をふり返り、『檜舞台で恥しくないものは、地味ではあるが〃和えもの〃と思う』と、ためらわず答えました。和えものを得意中の得意とする母は、頬を高潮させ『ほんと？　芳ちゃん』と興奮しました」

親子の歩みをたどった後にこの会話を読むと、論理的に考える娘と、勝ち気な母の微笑ましい姿が浮かび上がってくる。その和えもの、特に白和えは、今食卓から消えかかっている。恥ずかしながら、手間がかかる割に長持ちしない白和えを、私もつくったことがない。

和食にある和えものは、野菜を味噌や酢、豆腐、ごま、ナッツなどで和えるもので、油や塩などでつくったドレッシングで和える西洋のサラダに対応するものだと私は考えている。ただしその和え衣の種類がサラダより多く、発想の豊かさがある。

一九九〇年代初め、惣菜ブランドのＲＦ１が各地のデパ地下に入り、その後二十年ほど経って、さまざまなサラダレシピの本が書店に並ぶようになった。すっかり日本に定着し独自の進化を遂げつつあるサラダは、和えものと言っていた昔と姿を変えているかもしれないが、今も日本人が好きな料理の一つである。

## 料理再現コラム④
## 土井勝の「栗と鶏肉の煮もの」

小林カツ代のレシピで栗の皮剝きをマスターしたので、挑戦したくなった料理があった。土井勝の「栗と鶏肉の煮もの」である。関西出身だからか、土井勝のレシピは読んでいるだけで「おいしそう」と期待感が高まる。

『土井勝　日本のおかず五〇〇選』にもとづいてつくる。栗の皮を剝き、水にさらしてアクを抜く。れんこんの皮を剝き、乱切りにして水にさらしてアクを抜く。鶏肉を一口大に切る。鍋で鶏肉を炒めて取り出し、栗、れんこんを炒めて鶏肉を戻し、水をひたひたに加えて強火で煮る。沸騰したらアクを取り、砂糖、酒を加えて落しぶたをして七〜八分煮て醬油を加え、煮汁が半分ぐらいになるまで煮詰める。本当は三分の一量で完成なのだが、栗が崩れてきたので途中でよしとした。

栗のこっくりした甘みと、れんこんの素朴さ、鶏のうまみがじっくり染み込んだ、食べたことがないのに懐かしい味。これは他の人にも食べてもらいたい。

二度目に挑戦。実はちょっと甘さが強いと感じていたので、砂糖をみりんに変更する。完成品の一部をタッパーに詰め、一人暮らしになった義父の家へ宅配便で送る。

翌日、すぐに電話がかかってきた。「真理さん、栗うまいわ。鶏も味がよう染んどる」。土井勝先生は厳しく怖いが、ちゃんと従えば本当においしい料理になる。そして、その料理が似合うのは家族が囲む食卓なのである。同じ日に私たちも同じ料理を食べた。電話を通しての交流だが、満足だった。

# 第五章　平成「男子」の料理研究家――ケンタロウ、栗原心平、コウケンテツ



## レシピ本ブームの裏で

二〇〇〇年代以降、料理情報はますます量をふやしながら、質において迷走している。例えばレシピの書き手だ。二十世紀、レシピ本を出すといえば料理研究家やプロの料理人だったが、最近レシピ本の裏に載っている著者の肩書には、フードコーディネーターというものもある。

メニュー開発などで企業と仕事をする人である。『ガイアの夜明け』（テレビ東京系）などテレビの経済番組は、半分ぐらいが外食チェーンなどのフード関係ビジネスの紹介で、夕方のニュース、夜のバラエティ番組も食の話題を取り上げる。製造業が空洞化した二十一世紀の日本では、フードビジネスが花盛りなのである。

映画やドラマなどに登場する料理をつくる、フードスタイリストという職業も知られるようになった。その一人、飯島奈美は映画『かもめ食堂』のためにつくった料理がお

いしそうだと注目を集め、インターネット媒体『ほぼ日刊イトイ新聞』の連載をまとめた『ＬＩＦＥ』（東京糸井重里事務所、二〇〇九年）シリーズなど、定番料理中心のレシピ本を出している。

一方で、従来の家庭料理を教える人々は、「研究」の文字を外して「料理家」と名乗り始めた。世界の味が身近になって、未知の料理を研究する必要があまりない時代に、研究という言葉は大げさに響くのかもしれない。それにしても、料理家もレシピも数が多過ぎて、違いがわかりにくい。料理家も過当競争なのである。

多過ぎるので、レシピ本は一層切り口に工夫を凝らすようになった。ル・クルーゼの鍋など特定の調理道具を使ったレシピ本もあれば、サラダやスープなど一つの料理ジャンルに特化したものもある。カルピス、永谷園のお茶づけ海苔、カゴメのトマトジュースなど食品メーカーの定番商品を使った本、ダイエットを視野に入れた『体脂肪計タニタの社員食堂』（大和書房、二〇一〇年）などのミリオンセラーもある。

食を中心にした古書店、書店もふえ、『ＣＲＥＡ』は二〇一四年九月号で「おいしい読書」と題した特集を組んだ。食の情報自体がブームなのである。

そんな時代に、新鮮味のある料理情報を出すのは至難の業だ。テレビや雑誌、本で、インターネットで、情報をかじったアマチュアが山ほどいる。マニアがいる。ふつうの人が気軽に海外旅行をし、国内外を放浪する。彼らは本場の味を知っている。

ある程度大きな町に住んでいれば、遠出する必要もない。駅前も、駅の中も、高速道路のサービスエリアも、空港も、おいしい店や食材で溢れている。特に東京は、今や世界の味も地方の味も堪能できる食の都である。『食べログ』などのインターネットサイトで評論するにわかグルメが山ほどいる。

アマチュアの時代なのだ。誰でも気軽に情報を収集し、発信する。タダの情報、お手軽なノウハウがもてはやされ、体系化したり背景を掘り下げるプロの仕事は目立たなくなってしまった。そういう時代をもたらしたのは、インターネットである。料理の情報もインターネットでたくさん発信される。人気のレシピ投稿サイトの『クックパッド』は、レシピ本まで発行している。

同時に、インターネットは新しい料理家登竜門でもある。レシピブログで注目を集めてデビューし、プロになった人がいる。『作ってあげたい彼ごはん』（宝島社、二〇〇七年）をシリーズ化したSHIORIや、『syunkon カフェごはん』（宝島社、二〇一一年）シリーズの山本ゆり。自分が料理家になりたいのである。何しろ平成になって料理家は、届くかもしれない憧れの職業となった。グルメが大衆化した時代の必然である。

もう一つの問題はレシピの出し方にある。

基礎を知らない、と判明した昭和育ちの娘や孫が、台所に立つ時代になった。少しでも手間がかかると、難しいと怯えてしまう読者、視聴者に向かって、料理家たちは、ラクで失敗のない方法を提案しなければならない。結果としての迷走を象徴しているのが、敷居が高いと思われがちな和食への対応である。

ケンタロウが二〇〇四年に煮魚をつくった段階ではインパクトがあった、フライパンでつくる煮ものは、二〇〇八年に『NHKきょうの料理ビギナーズ』（NHK出版）三月号で「手軽で便利！　フライパンで春の和食」特集をやったあたりで定着した。そんなときに登場するフライパンは、樹脂加工品が多い。

同じころ、テレビやレシピ本で使われる落としぶたが、その都度つくって捨てる紙製になった。クッキングシートなどを使って真ん中に穴を開けた使い捨てのふたをつくるのだ。ル・クルーゼの新しい鍋を置くスペースはつくれるのに、古臭いイメージの木の落としぶたは、台所がいっぱいで置くことができないらしい。

テレビの料理番組を中心にしたマスメディアはこの半世紀、料理、特に和食を難しいと思わせすぎた。それは、戦中戦後に育った世代が、一斉に和食に背を向けたことに起因している。しかし、迎合し過ぎることはときに本末転倒の結果を生む。

樹脂加工のフライパンは初心者にとって敷居が低いかもしれないが、料理の上達はあまり期待できない道具だ。少々焦げついたところで、鉄のフライパンを使ったほうが野菜の水分は出にくくなるし、肉もうま味が増す。木の落としぶたは具材に味を染み込ませ、火の通りを早くする。使った後に垂れる汁も、紙製より少なくて済む。いちいちふたを自作しなくていいし、何十年も使えるので経済的だ。

これは個人的な実感だが、フライパンは鉄製を使うほうが、落としぶたは木のほうが、つくった料理はおいしくなる。もしかすると、マスメディアで紹介される当面の手軽さを優先させたつくり方は、かえって読者・視聴者に料理嫌いをふやしていないだろうか。

## 男の料理

料理研究家といえば女性という時代が長く続いてきた。今も数で言えば女性が大半を占めるが、その業界の中で近年、一部の男性料理家の活躍がめざましい。その現在へ至るには長い助走がある。

男は仕事で女は家庭、という近代的な性別役割分担が固定してから、男性は台所から遠ざかってきた。しかし、料理に興味を持つ男性はいた。彼らに、台所に入る勇気をもたせる最初のきっかけが、一九七七年に「男子厨房に入ろう会」が発足したことである。家庭の味の復興などを目的とした男性中心の勉強会である。女性が外に出始めた時代、性の規範を男性も破り始めた。

一九八一年にはアウトドア雑誌の『BE-PAL』（小学館）が創刊、一九八三年に青年マンガ誌『ビッグコミックスピリッツ』（小学館）で『美味しんぼ』が、一九八五年に『モーニング』（講談社）で『クッキングパパ』が連載を開始。アウトドア、グルメなどの舞台設定をしたうえで、料理する男がかっこいいとする流行が生まれた。満を持して一九九〇年、つくり方も紹介するグルメ雑誌『dancyu』が創刊された。

しかし二十世紀の「男の料理」は、妻たちへの対抗心かプライドか、材料にこだわり、手間のかかるものを、という傾向が強かった。例えば土井勝の『男のための料理の本』（日本実業出版社、一九八二年）は、そんな趣味性を前面に押し出す解説書だ。

まえがきで「男性の料理と女性のそれとでは決定的な違いがあります。義務として毎日のおかずをつくるのが女性なら、あくまで優雅な趣味としてつくるのが男の料理です」とある。目次でも主婦の家庭料理とは違うことをアピールする。「男は料理をつくり女はおかずをつくる」「だし加減一つにも料理の美学がある」「道具で女房に差をつけよう」といった調子だ。

何しろ男たちは稼ぎ手だ。高級肉やプロ仕様の包丁で技術をカバーし、うまいものを妻たちに食わせたいのである。土井はのちに、『ほんとうの味　ほんとうの幸せ』（経済界、一九九四年）で、男の料理は趣味と位置づけたのは、「家族のために料理をつくるのは、女性にしかできない神聖な仕事である」という信念からと書いている。

しかし一九八九年、土井勝料理学校は、男性向け料理教室を開講する。昭和の終わりごろから、具合の悪い妻の代わりに、あるいは単身赴任だからと、切実な事情で料理を教わりたい男性がふえていたからである。

リタイアした男性向けの料理教室が流行り、スーパーで食材を選ぶ男性が珍しくなくなったのは、二〇〇〇年代初頭である。このころになると、新しい世代が登場する。家庭科共修世代である。

家庭科は、小学校高学年で初めて学ぶときは男女共修だが、中学校、高校は女子だけという時代が続いていた。このカリキュラム構成も、料理は女の世界、と思わせる役割を果たしてきた。しかし、一九七九年に国連が女子差別撤廃条約を採択したことを受け、遅まきながら一九九三年に中学校で、一九九四年に高校で男女共修が始まった。

その世代が大人になったのである。一九九三年の中学三年生は二〇〇〇年には二十二歳。彼らの親は戦後生まれで共働きも多い。男だから台所に立つのは恥ずかしい、とは思わない世代なのである。

ケンタロウが二〇〇〇年代に人気を博したのは、身構えずに台所に立つ姿が、家庭科共修世代に受け入れられたという面も大きい。そして、あの番組が始まる。

## 『男子ごはん』開始

二〇〇八年四月二十日午前十一時二十五分、料理番組『太一×ケンタロウ　男子ごはん』（テレビ東京系）が始まった。人気料理家やタレントが看板料理番組を持つことは初めてではないが、この番組はいくつかの点で画期的だった。

一つ目は自然光が入る海辺のキッチンスタジオを使い、誰かの家に遊びに来た感覚で観られるようにしたこと。二つ目は、技術指導より料理する楽しさに重きを置いたこと。三つ目は、二つ目のポイントを受け、アシスタント役の国分太一が料理の先生たるケンタロウに、茶々を入れるなどして「イジる」ことだ。

楽しげな雰囲気を伝えた番組は人気を得て定着し、一年分のレシピと番組解説を兼ねた『太一×ケンタロウ　男子ごはんの本』（角川グループパブリッシング、二〇〇九年）はベストセラーになった。

キャスティングもよかった。企画から参加した国分太一は、人気アイドルグループTOKIOのメンバーで、自給自足を体験する企画が好評の長寿番組『ザ！鉄腕！DASH!!』（日本テレビ系）や、スポーツ番組の司会などでもおなじみだ。ケンタロウはもちろん人気料理家である。

二人のトークも見せどころだ。二〇〇〇年代初頭のお笑いブーム以降、バラエティ番組が全盛になって、出演者が「イジられる」ことがふつうになった。番組でケンタロウは、国分にイジられまくる。

二〇〇八年六月八日の放送から、「しょうが焼き丼」のつくり方を解説する二人の会話を拾ってみよう。

**ケンタロウ**（以下、ケ）「まずは、豚肩ロース薄切り肉！」

国分太一（以下、国）「薄切りなんですか？」
ケ「お店とかだとよく、ちょっとブ厚い、豚テキみたいなのが出てくるじゃないですか？　でも、今日は、なんてことない豚肉ですよ！」
国「〝なんてことない〟って言ったら、失礼じゃないですか？　豚肉に」
ケ「いやいやいやいや……（笑）。おかしくない（笑）？　ちょっと待って……オレ悪いの（笑）!?」
国「豚肉に謝った方がいいですよ、ちゃんと！」
ケ「……ほんっと、申し訳ない！」

ここで国分太一が笑いこけ、ケンタロウは次の食材を紹介するのに、わざと「なんてことないキャベツ！」と言う。
国分は料理のコツを紹介するポイントを見つけては、「ケンタロウズ・ポイント」とポーズを決めろと言い、番組の冒頭にも「男子ごはん」と声を揃えようと言い出す。国分に言われ、ケンタロウがアドリブで、出汁に使った昆布を再利用させられることもある。その掛け合いがいかにも楽しげだ。トップアイドルの国分は、イジりすぎずに相手を立てるコツをわきまえている。

家族のために栄養のバランスを考える、という縛りがない「男子」には、好きなモノをつくって食べる自由がある。ケンタロウは、ガツンと食べられる「麻婆豆腐」や「ハンバーグ」、流行の「エビマヨ」「ゴーヤチャンプルー」「冷やし担々麵」や、定番和食の「三色そぼろ丼」「カレイの煮つけ定食」など、いかにも男性が好きそうな料理を紹介する。どれも基礎的なポイントを押さえつつ、真似しやすい工夫をしている。例えばゴーヤーチャンプルーは、扱いが難しい豆腐を入れていない。

小林カツ代直伝の肉じゃがも登場する。食べた国分は「肉じゃがってこんなに美味しかったかな？　お肉の味もちゃんとするんですけど、じゃがいもメインで食べている感じがしますよ。落ち着きますね？　ホッとする味ですよ」と絶賛する。

しかし、ケンタロウは二〇一二年二月に、事故で番組に出られなくなってしまうのである。

## 二代目の洗練、栗原心平

番組は、二〇一二年四月からの四カ月間ゲストを招いて様子をみた後、八月から、四月に招いた栗原心平をメインキャストに迎えた。二〇一五年四月現在、番組は継続し『男子ごはんの本』は七冊目まで出ている。

栗原心平は、栗原はるみの長男。一九七八（昭和五十三）年生まれで、三歳上の姉がいる。子どものころから料理が好きで、高校生のときから母の仕事を手伝っていた。大学を卒業後、栗原はるみがプロデュースする、生活雑貨店兼レストランを経営する株式会社「ゆとりの空間」に就職。二〇〇三年に結婚。二〇〇四年に初のレシピ本『ひらめき2人ごはん』（扶桑社）を出し、料理研究家になったが、経営にシフトしようとしていたところに同番組のオファーがあり、料理研究家の仕事を継続することになった。

経営に力点を置いたのは、栗原はるみの仕事を将来に渡って世に残すためである。朝日新聞の求人広告欄にあるインタビューシリーズ「仕事力」に登場した栗原はるみが、二〇一一年五月二十九日の回で心平について次のように話している。

「ある日『母さんがもしいなくなってしまったら、この全てが無くなってしまうのは残念だね』と言ったのです。（中略）自分自身の力で母親の仕事を残したいという思いがあるようでした」

その心平が請われて料理研究家復帰。『男子ごはん』で明らかになるのは、ガツンと元気、濃い味のケンタロウとはまるでタイプが違うことだ。心平の料理は、おしゃれで和テイスト。そして本人は、もてなし好き。番組に出てくるおしゃれな献立を挙げてみよう。

「れんこんとひき肉のカレー、新じゃがいものディルソース」
「ごろごろトマトソースのハンバーグ、コールスロー」
薄力粉と水で皮をつくった「ごちそう手巻き、サンラータン」

栗原はるみは、適度な野暮ったさでアイドル的な人気料理研究家となったが、自宅ではより洗練された料理をつくっていたことが、心平の料理から見えてくる。ハーブのディルだの、肉でなくトマトがごろごろだの、食べ慣れていないと出てこないアイデアである。

和食好きも、母の影響が感じられる。

「さわらのみそ焼き、桜エビとわかめの混ぜごはん、サバのつみれ汁」
「焼きサンマの炊き込みごはん、揚げナスのエノキあんかけ、ごぼうと長芋のすり流し汁」

ケンタロウとの個性の違いが難しい面もあったのか、一年目は少々迷走気味である。和太鼓を叩いて「男たちのシェア丼」と題し、「甘辛だれのカリカリ豚丼」を出す回や、辛いものが苦手なのに「四川風麻婆豆腐」を出す回もある。

しかし、心平の『男子ごはん』は二年を超えて続く。それは同時に、男子らしさという縛りを抜け出し、栗原心平という個性が世に受け入れられた証とも言える。

来客の多い家庭で、両親の愛情に包まれて育った心平は、もてなし好きである。『男子ごはんの本　その5』（角川グループパブリッシング、二〇一三年）の「家呑みのすすめ」という企画の中で行われた国分との対談で「お客様が徹底的に食べて、呑んで〝あ～、おなかいっぱいで酔っ払った～〟って帰ってもらうのが自分にとって一番幸せ」と語っている。このとき出した料理は、国分が好きそうだからと選んだ「麻婆春雨、ギンダラの香り煮、じゃばらきゅうりの中華風漬物、エビカツ」である。

国分のために料理を選ぶように、心平が視聴者の好きそうな料理を探してきたからこそ、番組は続いている。国分が料理家をイジるトークは、心平相手でも続いている。

男子の料理研究家たちは仲が良い。少数派同士の親近感もあるのだろう。ケンタロウと栗原心平の関係は、CSテレビで二〇〇七〜〇八年に放送されたシリーズ番組、『白金台三丁目食堂』で共演したことから始まっている。この番組でも登場し、『男子ごはん』では、二〇一二年六月にマンスリーゲストとなった料理研究家が、ケンタロウの友人でもあるコウケンテツである。

二〇〇五年に『オレンジページ』でデビューしてたちまち人気者となり、さまざまなメディアにレシピを提供。早くも『AERA』二〇〇九年十二月二十一日号の「現代の肖像」にも取り上げられた話題の人である。

コウケンテツは一九七四（昭和四十九）年大阪市生まれ。実家は皮革服の縫製工場を営んでいた。四人きょうだいの末っ子で、二人の兄と姉がいる。父は日本生まれで韓国育ちの在日コリアン。母は二十代半ばで来日し、結婚して日本に定住した韓国人。つまり、在日コリアンなのである。彼が育った時代、在日差別は厳しく就職も難しかった。ケンテツは、就職をアテにせず生きる道を探し始める。

最初に出合ったのはテニス。高校を中退してプロを目指したが、十八歳で椎間板ヘルニアを患い断念。二十代はさまざまな職を転々としたが続かない。そんな折、父が親戚の保証人になっていて莫大な借金を背負い、工場と土地を手放す。子どもたちは一丸となって働き、ケンテツもバイトを掛け持ちした。

厳しい局面で家族が結びついたのは、料理研究家の母、李映林の料理の力が大きい。母は家族の健康を考え、朝から晩まで台所に立ってきた。テニスに挫折したケンテツを癒やしたのも、母の薬膳スープだった。料理教室が多忙になり、姉とともに手伝ううちに編集者に声をかけられて、この道に入った。

コウの特徴は、まずイケメンで好感がもてるキャラクターである。最初のうちはアイドル的な受け入れられ方もしたらしい。提案するレシピは、食べて育った韓国料理がベースにあるが、韓国料理だけでなく和食、洋食、中華と自由自在につくる。しかし、ベースが和食でないので発想に独自性がある。解説がわかりやすい。

『コウケンテツの〝もっと〟おいしく!』(オレンジページ、二〇〇九年)は、料理のジャンルごとに最適な調味料のバランスを紹介する。皆がグルメになったせいか、最近目立つ「味が決まらない」という悩みに応えた本だ。

煮ものは、砂糖一:みりん一:酒二:醤油二。「これで甘みと塩けのバランスがとれた、しみじみとした味わいの煮ものになるんです」と説明する。炒めものは、醤油・

酒・砂糖がそれぞれ一：一：一。あらかじめ合わせておき、鍋肌から回し入れると均一に混ざり、醤油が焦げて香ばしくなると解説する。

同書から、素材や調味料の使い方に独自性があることもわかる。「あさりとにらのオイスター炒め」や、「さばと大根のカレーみそ煮」、春雨やトウガラシが入った「牛肉とれんこんのピリ辛煮」「冷しゃぶサラダ　トマトドレッシング」など、韓国料理と和食の要素が入り混じる。

コウは自分のアイデンティティを明確に打ち出す。偏見や差別は今も残っているが、激しく排斥された時代を知らない若い世代もふえた。また、日本に住む外国人も昔ほど珍しくない。テレビに登場するタレントやスポーツ選手にも、外国出身だったり、親が外国人の人がふえてきた。外国人慣れしてきたのである。日本在住者として多数派で歴史も長い在日コリアンのコウは、外国ルーツの料理研究家が、お国料理だけに留まらない提案をする道を切り開いたと言えるかもしれない。

そのコウが、プロになって研究を深めた韓国料理を初めて前面に出した本が、『コウケンテツの韓国料理1《ハナ》・2《ドゥ》・3《セッ》』（NHK出版、二〇〇八年）である。もとは『NHKきょうの料理ビギナーズ』テキスト上の連載。初心者向けだけあってシンプルな料理が中心である。

韓国料理は野菜をたっぷり使い、さまざまな味を同時に味わえるものや、ぐつぐつ煮込む料理が多いと紹介する。そして食べて健康になる薬食同源の考え方。同書に登場する料理は、コウが子どものころから食べ、今もつくるものばかりである。

最初に紹介されるのは、おなじみの「豚キムチチヂミ」。「『チヂミ』と『お好み焼き』の違いは、焼き方にあります。『お好み焼き』は生地をフワッと焼き上げますが、『チヂミ』は生地を薄く広げて押さえながら焼き、表面はカリッと香ばしく、中はモチッとした食感に仕上げます」と、明快に解説する。

ナムルは、十二種類もある。トマト、みょうが、大根、スナップえんどう、ほうれんそう、アスパラガス、にんじん、ごぼう、ぜんまい、大豆もやし、なす、ズッキーニ。生もあれば茹でるもの、炒めるもの、蒸すものと調理法も多彩。野菜を単品でごま油を使って調理すればナムルなのだ。ご飯に載せればビビンバができる。

シンプルで簡単にみえるが、「修業時代、僕はなかなか合格点がもらえませんでした」とコウは書く。野菜の特性に合わせて調理法や塩加減を考えないといけない。素材を知り、料理の奥深さがわかる適切な入門料理でもある。日本の和えものと共通する、これは韓国のサラダだ。

フライパンを使い、にんにくを炒めて香りを移した油で食材を炒め、粉トウガラシで辛味をつける「韓国風肉じゃが」もある。韓国でも定番料理なのだそうだ。

この他にもキムチやコチュジャンで辛みをつけた煮込み料理がいくつも紹介される。スープもある。「韓国はスープ文化。具がたっぷりとはいってボリュームがあり、主菜として食べることが多いのが特徴です」と説明がある。

近くて遠かった韓国の料理。日本で最初に受け入れられたのは焼き肉だった。焼き肉のたれやホットプレートの普及とともに家庭料理になったのが、一九八〇年前後。韓国料理そのものの流行は、二〇〇〇年代初めの韓流ブームがきっかけである。李朝朝鮮で料理を担当する女官が主役の連続ドラマ『宮廷女官チャングムの誓い』（ＮＨＫ）の人気で、料理にも注目が集まる。つくり方を知りたいと思っていたところに、技術と気さくさとルックスの三拍子揃った料理研究家の登場である。受け入れられないはずがない。

結婚して子どもも二人生まれたコウ。今はイクメン料理研究家としても引っ張りだこだ。当分、コウの時代は続きそうである。

家庭料理の精神

コウケンテツはレシピ本、『弁当』（講談社、二〇一〇年）の中で、子どものころのこんなエピソードを書いている。

「親父は食べることが本当に大好きで、しかも母の手料理をこの世で一番愛していた。なので朝ごはん抜きで仕事にでかけるなんてことはまずなく、しかも母の手料理を食べないとすこぶる機嫌が悪くなるのだ」

朝は父の好きなスープとナムルの韓国料理だったが、日曜日だけは子どもたちの好きなホットドッグにしてくれた、という話が続く。

この文章には、家庭料理とは何かが凝縮されている。今は外食、中食でいくらでもおいしいものを食べることができる。しかし、家族が好きな味、自分の食べたいものを好きな組み合わせ、ちょうどいい硬さで食べられるのは、相手に合わせてカスタマイズできる家庭料理ならではだ。

本章で取り上げた男子の料理研究家は皆、視聴者や読者が何を食べたいのか、どんなふうに教えてもらいたいのか、相手をよく見てふさわしい提案を誠実に続ける人たちだ。ケンタロウは、求められる男子らしさを演じきり、栗原心平は、ときには苦手な辛い味も提案しながらおしゃれに料理する。コウは、優しく明快に教える。

コウの『弁当』の写真は、思わず手にとって食べたくなる。それは、箸でつまみやすい料理ばかりだからである。

「韓国風のり巻き弁当」。ごぼうの牛肉巻き、きゅうりの炒めもの、大豆もやしのナムルが入った「ごぼうの牛肉巻き弁当」。「ピリ辛焼きシュウマイ弁当」。酢豚風の鶏野菜炒めがぎっしり詰まった「鶏の酢豚風弁当」。せん切りキャベツの上に豚のしょうが焼きが載った「豚のしょうが焼き弁当」。タラのコロッケ、焼きブロッコリー、プチトマトのマリネが入った「たらのコロッケ弁当」もある。

栄養のバランスや彩りが考えられているし、味つけにバリエーションがある。そして液ダレの心配がない。焼きブロッコリーやコロッケは水分が出にくい。鶏の酢豚風は他のおかずが入らない。シンプルでよく考えられている。

家族のための料理とは、本来このようなものだ。食べやすく飽きがこない。そのための知恵と工夫を料理研究家から教わることは、上達する早道の一つだ。

料理を難しそうと敬遠したり、肥えた舌に腕が追いつかずに焦る時期もある。忙しくてつくる余裕がないときもあるかもしれない。しかし、疲れたときに一番安心できるのは、食べ慣れた家庭の味である。

よく知っている味を持つことは、帰る場所を持つことだ。子ども時代にその原点を持てない人もいるが、自分がその味をつくり出すことはできる。あるいは教わりたいときに親がいなくても、定番料理を教える料理家は何人もいる。欲しい味にたどり着く手がかりを提供するのが料理研究家であり、レシピなのである。

まず自分の手で自分を養うこと。誰かのためにつくるのは、その後でいい。愛情を込めようと必死にならなくても、自分が充足すれば人に与えることも容易になる。やる気があるときも面倒なときも、コンスタントに台所に立ち続ければ、愛情と腕前、求められる味はやがてついてくるだろう。

## 料理再現コラム⑤

### ケンタロウの「焼き厚揚げのオイスターソース」

ケンタロウが表舞台に出てこなくなって約三年。今も書店にレシピ本が並ぶ、彼の料理には興味があった。ところが、料理を再現するためにレシピ本をめくると、意外につくりたいものが見つからない。薄味好みの私には味つけが濃い、というのもあるが、「これおいしそう、食べてみたい」と思う料理に、ひと手間かかるものが多いからだ。

結局、選んだのは『カツ代流しあわせごはん　ケンタロウ流ウマイめし』の「焼き厚揚げのオイスターソース」。ケンタロウらしい味の濃さと、小林カツ代の息子ならではの、手軽なつくり方に惹かれた。

厚揚げを魚焼きグリル（レシピではトースター）で焼いて、縦半分に切り、薄切りする。ボウルにおろししょうが、オイスターソース、酒、豆板醤を合わせておく。八百屋に青ねぎがなかったので、白ねぎを小口切りする。ボウルで全部を混ぜ合わせたら完成。

辛さとコクがマッチしていて、意外性がある味だ。しかし、不器用なせいか、厚揚げがぐちゃぐちゃになってしまった。手際の良さが要求される料理なのかもしれない。

厚揚げの熱さで火を通す設定なのだと思うが、手際が悪いせいか、調味料の味がなじんでいない。オイスターソースをレシピより控えめの量にはしたものの、やはり強い味が前に来る。そのように感じるのは、私が女性だからかもしれないし、レシピを出した当時、二十七歳だったケンタロウと、現在四十六歳の私の年齢の差なのかもしれない。

いつか、中高年ならではのレシピを提案するケンタロウを見られる日が来ることを祈っている。

# エピローグ——プロが教える料理　高山なおみ

## 料理研究家とは

戦後七十年の間、本当にたくさんの料理研究家が活躍してきた。時代を代表するとして本書で紹介した人たちはほんの一握りであり、他にも何人もの料理を教える人たちがいた。メディアには登場しないが、料理教室で人気の人もいる。それぞれが異なる背景と個性を持ち、一定のファン層に支持されている。

ここで改めて考えたい。料理研究家とは、どのような人なのだろうか。

江上トミや飯田深雪は、海外を回って研究した成果を発表した。入江麻木はパーティの多いロシア人家庭で覚えた料理を伝えた。城戸崎愛や土井勝は料理学校で学んだ成果がベースにある。小林カツ代や栗原はるみは、創意工夫をして忙しい人でも手軽にできる料理、家族を飽きさせないバリエーションを提供した。

求められる資質は時代によって異なる。憧れの欧米の世界を知りたい、という人が多かった高度成長期は、海外体験の豊かさが求められた。昭和から平成にかけて人々は多忙になり、より手早いつくり方、より多くの料理を求めるようになった。忘れていた原点を思い出したい人たちは、和食を教える人を支持した。

料理とともに人生がある人は、食べることが好きな人である。料理から、人に教えられるほど多くを学び取ることができる人は、感受性が豊かである。教えることを通して、食べる喜び、つくる幸せをより多くの人とわかち合える人は、懐の深さを持つ。人生経験の幅がその人を料理研究家たらしめている。

広く流通させられるレシピを提供するためには、その料理をくり返しつくった経験が必要である。栗原はるみが何週間も試作するのは、確実に再現できる料理にするためである。

昭和の時代は、ベテラン主婦が料理研究家になった。来客の多い家庭にいた人はより有利だった。より多くの現場を体験していることが、レシピの骨格を支えるからである。平成になって家族の規模は小さくなり、ひんぱんに来客がある家庭は少なくなった。替わって最近目立つのは、プロとして料理を提供してきた経験を持つ人である。

その一人、飯島奈美は料理研究家ではなく、ドラマや映画、ＣＭに映る料理をつくるフードスタイリストである。彼女のレシピ本に載っているのは、豚のしょうが焼きやから揚げ、スパゲティナポリタンなど、昭和の定番料理である。知っている料理を、より確実においしく食べたいというニーズに応えている。

子どもが料理する『ひとりでできるもん!』（NHKで一九九一〜二〇〇六年に放送）で人気が出た枝元なほみは、飲食店で働き、ケータリングサービスを行ってきた。主婦経験ではなく、料理人として経験を積んだシングルである。彼女が人気者になる背景には、女性の生き方の多様化がある。

大学時代から劇団に所属していた枝元。ホームレスが販売することで自立につなげる雑誌『ビッグイシュー』に連載したり、農村問題に関わるなど、食を通して社会活動も行っている。本格的に料理の道に入るきっかけは、一九八〇年に創業した東京・中野の無国籍料理店「カルマ」でシェフを務めたことである。オーナーが用意するパクチーやスパイスなど、未知の食材をどのように使うか、エスニック料理の本を読んで試行錯誤した経験がベースとなった。

同店の後輩が、現在数多くの著作で人気の高山なおみである。

## シェフ出身の高山なおみ

高山なおみは料理研究家だが、ドラマや映画に映る料理も提供し、雑誌に紀行文を連載したり、エッセイ集を何冊も出すなど、活躍の幅は広い。

高山の料理には、外国の食材や調味料を取り入れたものが目立つ。絹さやを塩茹でしてナムプラーにつけながら食べる「絹さやゆでるだけ」や、茹でた大豆をすり鉢でクリームチーズとすり合わせる「大豆とクリームチーズのディップ」といった料理だ。今はカフェやレストランで世界の味を体験でき、ナムプラーやココナッツミルクもスーパーに並ぶ。自宅で外国風料理をつくれるレシピが求められている。

高山なおみは一九五八（昭和三十三）年、静岡県生まれ。父は市役所に勤め、母は幼稚園の先生をしていた。曾祖母、祖母、兄、姉、双子の兄の八人家族。幼いころ、家には曾祖母が使っていたかまどと井戸が並ぶ土間の台所が残っていた。祖母が使っていたのは、板の間でタイル張りの流しがある薄暗い台所。なおみが高校生になるころ、板の間はステンレスの流しが入る母の台所にリフォームされた。

母は料理が苦手だった。高山のレシピ本『料理＝高山なおみ』（リトルモア、二〇一四年）には、こんな風に書いてある。

「朝ごはんはねぎと麩のお決まりのみそ汁に、ぬか漬けと納豆。夕はんは、魚屋さんで買ってきた粕漬けの魚かイワシのはんぺん、くじらのベーコン、魚肉ソーセージとキャベツをソースで炒めたの。揚げ物屋さんのコロッケやポテトサラダも、ちょくちょく登場しました」

しかし、同時に「おいしい」と食事に感謝する心も母に教わった。

子どものころは、祖母も料理したし、料理に興味を持ったなおみが台所に立つこともあった。ハンバーグ、オムレツ、シチューも料理本を見ながらつくれるようになったと、文章は続く。

染織を学ぶため、十九歳で上京して専門学校に入学。染織家になる夢は挫折するが、料理する仕事を続けてきた。学生時代は喫茶店のアルバイトでケーキのつくり方などを学ぶ。「カルマ」で働いているときにスカウトされ、一九九〇年から吉祥寺にオープンした「諸国空想料理店 KuuKuu」のシェフとなる。一九九五年、レシピを掲載したエッセイ集『諸国空想料理店』（筑摩書房）を出す。雑誌などでレシピを提供するようになり、二〇〇二年に料理研究家として独立した。

高山に特定の師匠はいない。『料理＝高山なおみ』の中で、「ほんとうをいうと料理の先生はあちこちにいます」と書く。料理本、小説、マンガ、映画、テレビ、「旅先でふらりと入ったレストランで立ち働く人たち、スーパーでみかけたおばあさんの、野菜を選ぶ手つきの中」などに師匠を見出す。

高山は感性を研ぎ澄まし、天性の嗅覚と味覚を働かせて料理をする人である。『諸国空想料理店』によると、ナムプラーが手に入らなかったころは、「韓国料理の食材屋さんに売っているシコイワシの塩辛の汁」や「アンチョビソースを白ワインとしょう油」で割った代用品を工夫した。アフリカ帰りの人に教わった「チリパウダー、カイエンヌ、クミン、シナモン、クローブ、胡椒」の混合スパイスを、揚げたいもに振りかけて「じゃが芋とさつま芋のチップスアフリカ帰り」とした。何しろ働いた店の名前に「空想料理」とある。再現にこだわらないから、独創性があるのである。

現在の夫とはインドに二カ月滞在する旅を共にして実質的なパートナーとなり、一九九二年に結婚。二人とも離婚歴がある。発明家である夫は前妻との間に娘がいる。二〇〇一年に出したエッセイ集『帰ってから、お腹がすいてもいいようにと思ったのだ。』（ロッキング・オン）には、家出して高山夫婦の家に転がり込んだ二十歳の娘のことがときどき出てくる。十二巻出ている日記エッセイ集『日々ごはん』（アノニマ・スタジオ）

の二〇〇四年に出た一巻目には、プロといえども、料理したくない日や手抜きする日もあることが率直に綴られている。

店でエスニック料理をつくっているためか、夕食の献立は和食が多い。たとえば二〇〇二年五月二十一日の献立は「かますの干物、小松菜と油揚げの煮浸し、蛸の刺し身、トマト、茄子の油焼き、キャベツの味噌汁」だ。

原点は古い台所で働いていた祖母の姿だ。「KuuKuu」で、バリ島で知ったトマトソースや、カレーをつくるために粒のスパイスをすり鉢ですりながら、縁側ですり鉢を使った祖母を思い浮かべる。

祖母がすり鉢でこしらえたのは、「ほうれん草の胡麻和え」、白和えなどで、なおみはよくすり鉢を押さえる役目を任された。ごまをする日本の昔と、すり鉢でスパイスを練るアジアの風景が、高山の中でつながっている。

**料理の原点**

『料理＝高山なおみ』は、料理研究家のレシピが急速に広まった高度成長期のレシピ本を思い起こさせる。料理の背景を伝えるエッセイがつき、つくり方はていねいに解説しである。できるだけ簡単な料理を簡潔なレシピで、できるだけたくさん紹介する近年の傾向とは一線を画す。

三十四行にも渡る野菜の塩もみの項では、野菜に塩をふる作業をボウルで、とすすめる理由を、「どうせタッパーで保存するのなら、塩をするのもタッパーでと思われるかもしれませんが、タッパーでは野菜がちぢこまり、うまく塩がまわらないのです」と書き、手間を惜しみたがる読者に釘を刺す。

「じゃがいもをおいしく食べるには、皮ごと火を通すのがいちばん」と書き、一時間ほどかけて茹で上げる方法を紹介する。ロシアのぎょうざ、ペリメニは皮からつくる。塩漬けした豚の腸からつくるソーセージのレシピもある。

「甘くない卵焼き」は、仕上げにフライパンの底を濡れふきんに載せてから「余熱を利用して、まとめながらフライパンのはしに寄せ、くるりと返して裏面を軽く火にかけます」。上手につくるコツまで紹介するから、レシピが長くなるのである。

カレーのレシピでは市販のルウを使い、焼きぎょうざも市販の皮を使う。皆が知っている定番料理は一般的な市販品を使用し、珍しい外国の料理は手づくりして、現地の雰囲気を伝えようとしている。

同書の中で、高山は時折ドキッとするような言葉を挟む。

「お手本とする料理をよそから持ってきて、高いところにおいていませんか？　心からおいしいと感じる味はみなちがうのだから、いろいろあっていいんです」

「レシピは料理家のものじゃなく、生活をしているみんなのもの。毎日食べるごはんがおいしすぎるのは、体にも気持ちにも、毒だという気がします」

調味料の分量まで書かれたとおりに再現し、料理研究家の世界観を知りたい。あるいは、どこそこの店みたいな料理を家でも食べたい。真似したいという欲求が肥大化する傾向に対し、それは本来の食欲から離れてはいないか、と問いかけている。

料理は、体と心を養う毎日のもの。人と人を結びつけたり、ときには離れさせたりもするコミュニケーションの道具でもある。情報に振り回されていたら、季節や自分の体調、一緒に食べる人に合わせてつくる本来の目的から遠のいてしまいかねない。

最初は本の通りにつくって料理がどのようにできるか体験すればいい。やがて、食べたいものが自然に思い浮かび、味つけも火の通し具合も自己流でできるようになる。そんな日に向かって足を踏み出す一歩を、料理研究家たちは手助けしてくれるのである。

# あとがき

駆け出しのころ、広告制作会社で三年ほど料理のチラシ制作に関わった。料理研究家のレシピの文章を整え、撮影に使う小道具を探しにウロウロし、撮影時には箸を持つ手のタレントを務めた。どの仕事も的を外していて、先輩に叱られてばかりいた。当時は親元で暮らしていて、ほとんど料理をしていなかったのである。

あれから四半世紀。まさか、料理研究家たちの歴史を、本に書く日が来るとは思わなかった。一人暮らしのときから二十年間台所に立ってきたが、使ったレシピ本は二〜三冊。料理は嫌いではないが、レパートリーをふやすことに熱心とは言いがたい。しかし、食の現代史を研究する身にとって、家庭料理のレシピ本は避けて通れない分野である。

執筆にあたり、同時代の人なら名前を知っている、時代を象徴する料理研究家たちのレシピ本を探した。神保町や自由が丘の古書店に通い、味の素食の文化センター「食の文化ライブラリー」にお世話になった。目配りに不足はあるかもしれないが、できるだけ料理研究家の特徴や足跡がわかる本に目を通したつもりである。

実生活上での利点もあった。料理の基礎を再発見し、発想が広がった。何より、彼女・彼たちの真摯で膨大な仕事に頭が下がり、「もっとまじめに料理しよう」と居住まいを正したことが大きい。結果的に腕前が少し上がり、料理が楽しくなった。

サブタイトルにもある通り、本書は料理研究家とその時代を研究した本である。しかし、執筆を進めるうちに女性史としての側面が思いの外強くなった。長年、家庭料理の担い手は当然女性、と思われてきたからである。ここ数年、「料理＝愛情」という表現が目立つのは、その前提が崩れてきたからだろう。料理は誰がするべきか――その問題を考える機会にもなった。

執筆にあたり、料理業界史にくわしい料理写真家の今清水隆宏さんには触発された。また、これまで食の本を書く際に応援してくださった編集者、食が好きな友人知人たちにも感謝している。「料理研究家の本を」と依頼してくださった新潮社の金寿煥さんには大変お世話になった。この仕事がきっかけになって、料理研究家の貢献がより幅広い人たちに伝わることを願っている。

**阿古真理**　1968（昭和43）年兵庫県生まれ。作家・生活史研究家。食や暮らし、女性の生き方などをテーマに執筆。著書に『昭和の洋食　平成のカフェ飯』『昭和育ちのおいしい記憶』『「和食」って何？』など。

Ⓢ新潮新書

617

# 小《こ》林《ばやし》カツ代《よ》と栗原《くりはら》はるみ

## 料《りょう》理《り》研《けん》究《きゅう》家《か》とその時代《じだい》

著　者　阿古真理《あこまり》

2015年 5 月20日　発行
2016年 2 月10日　4 刷

発行者　佐　藤　隆　信

発行所　株式会社新潮社

〒162-8711　東京都新宿区矢来町71番地
編集部（03）3266-5430　読者係（03）3266-5111
http://www.shinchosha.co.jp

図版製作　アトリエ・プラン

印刷所　錦明印刷株式会社

製本所　錦明印刷株式会社



乱丁・落丁本は、ご面倒ですが
小社読者係宛お送りください。
送料小社負担にてお取替えいたします。

ISBN978-4-10-610617-0　C0277

価格はカバーに表示してあります。